JN250845

青い眼の琉球往来

ペリー以前とペリー以後

緒方　修

芙蓉書房出版

まえがき

沖縄に住んでいると、「異国」を感じる時がある。初めて訪れたのは復帰後だった。四五年前は車は右側通行で、街に英語の看板が多いことに気が付いた。日本本土にはないドライブスルーの店があった。ブルーシールアイスクリームがおいしい、牛肉ステーキが安い。国際通りには米軍の放出品を売る店が、何軒もあった。認識票に名前を打ち出してくれる機械もそろっている。宜野湾に向かう途中にはバズーカ砲と迷彩色のジープも売っていた。いや、あれは売り物だったのだろうか？　嘉手納基地の近くでは米軍放出品店の屋上に飛行機が載っていた。

顔立ちが違う、年寄りの話している言葉は全く分からない、踊りの衣装は赤や黄の原色が目立つ、民謡は毎週新作が登場する、どこでも三線《さんしん》がある、結婚式には三〇〇人、葬式には五〇〇人が普通。夜遅くまで子供が遊んでいる。もあい（たいていは月に一度の集まり）がある。それも夫婦で別々のもあいに四つ、五つ入っている例も聞く。台風はしょっちゅう来る、暴風くらいで誰も驚かない、外出を控える人も稀。おかげでパチンコ、シネマ、コンビニは大繁盛。平均所得は日本で最低、東京の半分だ。しかし誰もここが日本一貧しい島だとは思っていない。なんくるないさー（何とかなるさ）の精神がある。

要するに日本のどことも違う地域だ、そりゃそうだ昔は琉球王国だったのだから。

と感じるのは私が熊本生まれ、その後東京へ移り住み、大学を卒業し、会社勤めをいったん終えるまで五〇年近くずっとヤマトにいたからだろう。沖縄に通うこと八〇回、一九九九年、那覇で大学教員の職を得て、住みついた。それから一八年、私にとって、いまだこの地はワンダーランドのままだ。

この本は、二〇〇年前に琉球を訪問したイギリス艦隊の船長の話から始まる。その時、青い眼が見た琉球はユートピアであった。それから約四〇年後（一八五三〜五四年）に訪れたペリーは、「たった四隻のミニ艦隊」（井沢元彦）で琉球と日本を脅かし、強引に国を開かせる。その後の日米関係はご存じの通り。最後は人類最初の核戦争となって焼野原にまっしぐらだ。日本は徹底的に痛めつけられ、七〇年経ってもいまだに奴隷状態を脱していない。

『日米文化交渉史』（財団法人開国百周年記念文化事業会）によれば「ミシシッピ艦からミズーリ艦までの二つのMによって象徴されるところの光栄から光栄へ偉大な記録である。」ミシシッピ号はペリー一行の船、ミズーリ号は一九四五年の日本降伏文書の調印が行われた船だ。「ところが、この同じ日米関係を、日本側から見ると、うってかわって開国から亡国への歴史である。」

司馬遼太郎は『幕末維新のこと』（ちくま文庫）で、この二行に尽きる、と述べている。ペリー来航からわずか九〇年で、国破れて山河も、気概も無くしてしまった。それから七〇年以上たったが、いまだにアメリカに従属している。その象徴が沖縄だ。

唐の世から、ヤマトの世、アメリカ世、再びヤマト世と移り変わった琉球。明治の初めに王国が無くなるまでの場面を、青い眼の見方を借りて綴ってみた。

青い眼の琉球往来―ペリー以前とペリー以後―　目次

第2部　ペリー以後　恫喝におびえる島

序章　青い眼が記録した琉球

平和で美しい楽園？

かつての琉球を絵や写真であらわした『青い目が見た「大琉球」』（ラブ・オーシュリ、上原正稔編著、照屋善彦監修、ニライ社）という画集がある。原題は**GREAT LEWCHEW DISCOVERED: 19th Century Ryukyu in Western Art and Illustration.**

「この本は地球上にたしかに存在した〝守礼の邦〟の画集であり、〝大琉球〟の賛歌である。（略）『大琉球の人々は武器を持たない』というバジル・ホールの話に、ナポレオン・ボナパルトが何よりも仰天したように、この本を開いた読者は平和で美しい楽園の姿に驚嘆するに違いない」

このプロローグで思い出すのは、『逝きし世の面影』（渡辺京二著、葦書房、のちに平凡社ライブラリー）に記された次のような文章である。

「日本近代が現代の文明の滅亡の上にうち立てられたのだという事実を鋭く自覚していたのは、むしろ同時代の異邦人たちである」

「チェンバレンによれば、欧米人にとって『古い日本は妖精の住む小さくてかわいらしい不思議の国であった』」

「一九世紀中葉、日本の地を初めて踏んだ欧米人が最初に抱いたのは、他の点はどうあろうと、この国民はたしかに満足しており幸福であるという印象だった」

渡辺は「日本近代を主人公とする長い物語の発端に立っている。物語はまず、ひとつの文明の滅亡から始まる」と冒頭に記している。

私が始めようとしているのは、琉球を訪れた異邦人たちの報告を読み、彼らの感じた琉球の印象と送り出した先の意図を探ることにある。

ペリー以前とペリー以降という大事な分け方については山口栄鉄氏の著書から学んだ。乱暴な言い方をすれば、ペリー以前、バジル・ホールの航海記は紳士的（英国の狡猾さはあまり見えない）、ペリーは乱暴者（砲艦外交）。沖縄にいると、ペリーのやり方が今でもまかり通っている、と感じる（これは繰り返しふれることになるだろう）。

青い眼の琉球に対する見方は一様ではない

例えば――
「琉球とはアジアの強大かつ広大な帝国を成す島々の名前である。その国民は文明開化され、アジアに広がる他の野蛮国と混同してはならない」（『アメリカン・エンサイクロペディア』初版、一七九三年。『エンサイクロペディア・ブリタニカ』第3版、一七九七年）

『エジンバラ・レビュー』（一八一八年）は、（おそらく出版直後の）バジル・ホール訪琉記を次のように評している。

「かの未知の国々において、マックスウェル艦長、あるいはホール艦長のような良識ある人物によって英国が代表されたことをわれわれは、こよなく誇りに思う。そして、かの大琉球島の人々が、わが英国そしてヨーロッパを判断するに、これらの人物、そしてその一行をもってすることを希望してやまない。もともと好戦的で荒っぽい海の男たち、女気のない社会にあって、家庭的な温かさ、優しさといったものにはほど遠い男たちが、こうして温かい人間性、同胞の感に触れ、荒々しい感情を忘れて、善意に満ちた交感をこれらの島民との間に果たしている有様ほど、われわれの目を見張らさせるものはない」（山口栄鉄『英人バジル・ホールと大琉球　来琉二百周年を記念して』不二出版より）

大地獄の世界？

かと思えば、同じ『エジンバラ・レビュー』の十三年後の評――

「琉球人は隙あらば盗みをする。その手口も鮮やかなものだ。強者に対しては、ずるさと悪知恵を武器にする。異国の来訪者に甘言をあやつり、賄賂を贈る。嘘八百を並べてとりつくろう」（『エジンバラ・レビュー』一八三一年）

と、さんざんな悪口を投げかけている。タイトルは「琉球は大地獄の世界だ！」。

この文の後に「この舌先三寸の偽善がバジル・ホールに対してまんまと効を奏したので」と

続いている。一八一六年にアマースト使節団とともに訪れたバジル・ホール（英語読みではベイジル・ホール）の「朝鮮・琉球航海記」は、来琉二年後に出版され、数年のうちにオランダ、フランス、ドイツ、イタリア語に訳された。一八二六年には第三版が出され、そこにはセントヘレナ島でのナポレオン会見記が記されている。これについては後ほど詳しく紹介する。

エジンバラといえば、ホールの故郷・スコットランドの首都。航海中に彼はイギリス学士院の会員に選出され、帰国後はベストセラー作家！

『エジンバラ・レビュー』の批評家は、坊主憎けりゃ袈裟まで憎し、という心境ではなかったか。ホール個人、そして航海記で称賛された琉球にここまで悪罵を浴びせるとは。

「（琉球は）大地獄でなければ小地獄だ。天使の姿を借りた悪魔が猫なで声でバジル・ホールに囁いたのだ。」

この批評家は、ホールを「愚か者」、琉球人を「天使の姿を借りた悪魔」と評している。ちなみに彼は琉球に足を踏み入れたことがない。

『エジンバラ・レビュー』はロマン派詩人を罵倒したことで有名らしい。だからホールに対しても東洋の小国に住む「悪魔」を持ち上げる「愚か者」、と断じたのだろう。

琉球滞在記を読み解く

私の手元にある「航海記」「漂着記」を琉球到着順に並べてみる。もちろんこれより古いものも詳しい研究書もあるが、参考書をふくめて一〇冊を超えるので、とりあえずこれらの本から読んでみることにした。時期はほとんど一九世紀に集中している。

①『朝鮮・琉球航海記』ベイジル・ホール、岩波文庫（来琉は一八一六年）イギリス
②『幕末日本交流記』フォルカード、中公文庫（来琉は一八四四年）フランス
※フォルカード神父の琉球日記
③『琉球と琉球の人々』ジョージ・スミス、沖縄タイムス社（来琉は一八五〇年）イギリス
④『石垣島唐人墓の研究』田島信洋著、郁朋社（来琉は一八五二年）アメリカ
※ニューヨーク船籍のロバートバウン号が中国人苦力を乗せて石垣島に「漂着」。福建省アモイからサンフランシスコへ向かう途中、苦力が反乱を起こし、船長以下六人を殺し、三〇〇人以上が石垣島に上陸する。のちにアメリカ領事館から依頼されたイギリス軍艦がやってきて島内を捜索し、多数の苦力を射殺。ペリー来琉の一年前のことだ。国際的大事件なのだがあまり知られていない。著者の前著『石垣島唐人墓事件』（同時代社）を以前読んだことがある。
石垣島の唐人墓は中華民国（台湾）からの寄贈で建てられた。隣にはサーターヤ（砂糖屋＝砂糖キビ工場&土産物屋）があり観光地となっている。
⑤『ペリー艦隊大航海記』大江志乃夫、朝日文庫（来琉は一八五三年）アメリカ
※『ペルリ提督日本遠征記』（岩波文庫四冊）があるのだが、大江の本から始める。
⑥『ゴンチャローフ日本航海記』講談社学術文庫（来琉は一八五四年）ロシア

⑦『ドイツ商船R・J・ロベルトソン号　宮古島漂着記』エドワルド・ヘルンツハイム、上野村役場（来琉は一八七三年）ドイツ
※宮古島訪問を目的としたものではなく、難破して一ヵ月過ごしただけに過ぎない。が、その後ドイツ皇帝から島民へ感謝の記念品が贈られ、現地の上野村には「博愛記念碑」が建てられた。一九九六年にはうえのドイツ文化村まで作られた、残念ながらいまは廃墟同然だ。ほかの「航海記」とは性格が違うがリストに入れた。
⑧『琉球の島々』C・レブンウォース、沖縄タイムス社（来琉は一九〇五年）アメリカ

H・J・クリフォードはバジル・ホールと同じ船で一八一六年に来琉した。アイルランド出身の英国人。『クリフォード来琉日記』（浜川仁訳・不二出版）を残している。

このほか一八九三年に来琉した笹森儀助の「南嶋探検」を加えた方が良いかもしれない。これは『新南嶋探検―笹森儀助と沖縄百年』（琉球新報社）を参考にする。

冒頭で記した『青い目が見た大琉球』と『バジル・ホールと大琉球―来琉二百周年を記念して』（山口栄鉄著）を導きとし、同時代の出来事については『高等学校　琉球・沖縄史』（新城俊昭著―東洋企画）、『情報の歴史』（NTT出版、松岡正剛監修）などを参照する。

二〇〇年前の世界

バジル・ホールが来琉した二〇〇年前（一八一六年）は、どんな世界だったのか。

○一八〇七年、フルトンが蒸気式外輪汽船「クレアモント号」を作る。—アメリカ
○一八一一年、ケーニッヒとバウアーが蒸気機関と連動出来る輪転印刷機を発明。—ドイツ
○一八一一年、ラダイト運動（反機械運動）起こる—イギリス
○一八一二年、イギリスにガス灯の時代
○一八一四年、ジョージ・スティーヴンソン、蒸気機関車ブリュッヘル号の試運転。
○一八一四年、アレキサンダー・フォン・フンボルト、世界各地への旅行記などを出版。近代地理学の先駆的業績といわれる「コスモス」で有名。—ドイツ
○一八一四年よりウィーン会議。ヨーロッパの秩序再建と領土分割をオーストリア、ロシア、プロイセン、イギリス、フランス、ローマ教皇領（この会議で復活）で会議。一年あまりだらだらと「会議は踊る、されど進まず」。しかしナポレオンのエルベ島脱出、フランス上陸のニュースであわててまとまる。—オーストリア
○一八一五年、ワーテルローの戦いでフランスが敗北。ナポレオンはセント・ヘレナへ追放され、一八二一年にそこで亡くなる（バジル・ホールは一八一七年八月にナポレオンと会見している）。
○一八一七年、セイロン島、英領となる。イギリス、ネパール支配。
○一八一九年、米国船サバンナ号が米国東岸サバンナから英国リバプールまで二七日と一一時間で横断。蒸気船としては初めての大西洋横断に成功。

イギリスがネパール侵略。清の冊封体制下にあったネパールの状況は中央に伝わったに違いない。しかし有効な手を打てないまま、次第にイギリスの侵略の手が伸ばされ、一八四〇年、アヘン戦争をしかけられてゆく。

少し前だが、イギリスでは一七六五年、ジェームズ・ワット蒸気機関改良、一七六八年から産業革命がはじまり、ロンドンにはガス灯が点る。ロンドン市内ではテムズ河に工場の排水やし尿が流れ続ける。

さかのぼること一〇〇年前、一七〇九年には中部のバーミンガムのセヴァーン川には世界初の鉄橋（アイアンブリッジ）が架かった（一九八六年世界遺産に登録）。一七七六年にはアメリカ独立宣言、一七八九年はフランス革命が勃発。

ホールが生まれたのは前年の一七八八年である。

まず、バジル・ホールの『朝鮮・琉球航海記』から始めよう。

第１部

ペリー以前

平和な愛しき島

第1章　バジル・ホールの航海記

さらば愛しき島よ、民よ

我ら等しく友情を分かち合うも
　なお深き哀惜の絆で結ばれしも幾たりか。
幾たびとなく脳裏に浮かぶは
　懐かしきメーデーラ―にジラーの名
さらば愛しき島よ、民よ
永遠《とわ》に平穏なれ
暗雲は遠くにありて、おお
　迫り来る敵よ、聞け海神《わだつみ》の声を

これはバジル・ホールが琉球を去るにあたって、乗組員の一人「ジラード君」が作った詩だ（山口栄鉄『英人　バジル・ホールと大琉球』、以下『大琉球』と記す）。

メーデーラ―とは終始付き添った通訳、真栄平房昭のこと。ジラーとはいつも上機嫌で笑い上戸と呼ばれた「次良」。
「真栄平は、親交を結んでいたアルセスト号の少尉ホップナー君に会いに士官次室へ行った。ホップナー君が真栄平にアルセスト号の絵と二、三の品を贈ると、真栄平はひどく感激して言った。（略）
Tomorrow ship go sea: I go my father house, two day distance: when I see my father, I show him your present, and I tell him, me,Henry Hoppner all same(as)brother.
そして彼はわっと泣き出したのであった！（ベイジル・ホール『朝鮮・琉球航海記』、以下、『航海記』と記す）。
こうした交流が二〇〇年前に琉球で行われていた。なぜこのような友好的な交流が可能だったのか？

バジル・ホール

一八一六年、バジル・ホールが来琉し『朝鮮・琉球航海記』（以後、『航海記』と略す）を著した。イギリスに帰国後、二年間の休暇を主にヨーロッパで過ごした。一八二〇年より南アメリカに勤務。「チリ、ペルー、メキシコ沿岸における航海日記の抜粋1820,21,22」を発表。これはダーウィンがビーグル号で航海した時に参考にしたらしい。チリのコキンボ付近の「ホールがはじめて注意した」階段状の台地を調査した。（『航海記』解説より）
一八二五年に結婚し、一男二女に恵まれた。長女がウィリア

バジル・ホール来琉200年記念碑が那覇市泊港に建てられた
（2016年12月16日）

ム・チャールズ・チェンバレンと結婚し、その息子が日本・琉球文化研究で有名なバジル・ホール・チェンバレンである。つまりチェンバレンにとってバジル・ホールは外祖父にあたる。

　ホールは精神に異常をきたし、一八四四年に死去。五五歳であった。

　出世作となった『航海記』は、偶然の数ヵ月の余裕から生まれた。アマースト使節団を中国へ送り届ける任務をアルセスト号とともにライラ号が果たした。ホールはライラ号の船長であった。ところが中国側には、自らの責任で外国使節の国外への退去まで面倒を見る習慣があり、北京から大運河で杭州へ、さらに江西省経由で広東に抜ける経路が定められていた。そこで上記の二隻の軍艦はとりあえず用無しとなって数ヵ月の余裕が出来、朝鮮・琉球をめざしたのである。

それ以前にアルセスト号は広東で砲撃事件をひきおこしている。

「商船員であるかを問わず、海の男なら誰であろうと中国人を友好的な人種とはみなしていない。彼らの領土に入るやいなや、つねに戦時下のような不信にみちた扱いを受けてきたからである」

そしてついに、広東省の要塞「虎門塞」で事件が起きる。

「アルセスト号は、相手がすべての大砲を撃ち込んでくる寸前に、機先を制して沈着に狙いすました片舷一斉射撃を加えた。彼らの上に三二ポンド砲を雨のように降らせ、同時にわれわれは耳を聾せんばかりの雄たけびを三度あげたのである」（『航海記』付録二、ジョン・マクロード「アルセスト号航海記抄」）

アマースト使節団への対応を見ると、中国では砲撃、琉球では「友好的」と、違いが際立つ。

「アマースト使節は、中国の嘉慶帝の宮廷において、臣下が皇帝に対して行う正式の儀礼である三跪叩頭《さんきゅうこうとう》の礼を要求され、これを拒絶したため、皇帝の謁見さえ許されずに、北京に入ったその日のうちに退去を命ぜられ、外交交渉の糸口さえ得られぬまま、帰国せねばならなくなった」（『航海記』解説より）

これ以降、中国のイギリスに対する態度は手のひらを返すように変わった。礼を失する者は人間ではない。野蛮人は直ちに出て行け、と冷たい態度を取り続けたのだ。

非友好交流

『大琉球』によれば、ヤマトでは鎖国が続き、一八〇八年には長崎沖でイギリスの軍艦が侵入したフェートン号事件が起きている。これはオランダの国旗を掲げ、国籍を偽って入港したイギリス船との間で生じた事件だ。オランダ商館員が拉致され、警備担当の鍋島藩は太平に慣れ、警備を薄くしていたため対処不可能だった。長崎奉行の松平康英は薩摩、肥後、久留米などの他藩に応援を求め、フェートン号の抑留か焼き討ちを図る。しかし果たせなかった。その責任をとって切腹。バジル・ホール来琉の八年前だ。

異国船打払令は一八二五年、異国船はためらわず打払えと各大名におふれが出た。

一八三七年、モリソン号事件が起きた。日本の漂流民を載せたアメリカ船を浦賀奉行が砲撃して追い返したのだ。

著者の山口氏は、ヤマトの対外関係史は「殺戮、殺傷、鮮血、非友好」と指摘している。

アルセスト号への贈り物

豚	23頭
山羊	15頭
鶏	216羽※
魚	29匹
薩摩芋（袋入り）	59袋※
カボチャの一種	34個
焼酎の壺	6個
ジンジャーブレッド	8束
玉ネギ	16束
二十日大根	30束
セロリー	12束
ニンニク	8束
ロウソク	7束
薪	16束
カボチャ	60個
素麺（籠入り）	7籠
砂糖（箱入り）	7箱
捺染の布地（巻いた反物）	14反
紙	6束

※はいずれも士官用に供給

バジル・ホールの『航海記』の原題は「朝鮮西海岸および大琉球島への発見航海の記録」。朝鮮への西海岸への航海は、あまり愉快なものではなかった。

例えば——位の高そうな老人に、上陸を許可してくれるように頼む。すると「彼は自分の首を下げ、片手をのどにあてて引いて、首を斬られてしまう、という様子をしてみせた」。

「老人は、部下の兵士に向かって人々を解散させるように命じ、兵士たちはたちまち大きな石を投げはじめたのであった。ここで首長は激しく泣きはじめ、従者の一人の肩にすがって、村の方へ歩きだした。彼は歩きながらすすり泣くばかりでなく、時々、大声をあげて泣きさけぶのである。予想もしなかった光景に接した私たちは、このような最悪の事態に立ち至ったことを残念に思った」

老人の行動が、「演技」なのか、「本気」なのか、バジル・ホールにも分からない。わずか一〇日間くらいの航海で通訳もいない旅だから無理もないが、「不愛想な海岸」という記述も見られる。

好意的な人々

それに対して、次の訪問地・琉球では、ウチナーンチュの「志情《しなさき》」、「肝心《ちむぐくる》」が発揮されている、と山口氏は言う。

糸満沖とみられる地点で、数隻のサバニが近寄ってきた。現地人がライラ号に上って来る。

「われわれは、これほど好意的な人々に出会ったことはかつてない。彼らは舟を横付けにすると、すぐ一人が水の入った壺を、もう一人は、ふかしたサツマイモの入った籠を差し出したが、代価を要求したり、ほのめかしたりすることはない。その態度はおだやかで、礼儀正しかった。われわれの前では頭にかぶっていたものをとり、話しかけるときにはお辞儀をした」（『航海記』より）

琉球側は、何はともあれ異国船は穏便にお引き取り頂きたい、という態度を貫いていた。そのためには貧しいながら山ほど贈り物を用意する。アルセスト号への贈り物を次に記すが、ライラ号にはだいたいこの半分だ。

涙ぐましいほどの努力をして、異国船に「奉仕」する琉球人の姿が浮かぶ。

ウチナーンチュの心

しかし強いられて異国船に「奉仕」した訳ではない。病気も災害も大切にして、早く去って頂く、触らぬ神に祟りなし、と願う心があった。

近松門左衛門（一六五三〜一七二四年）の時代には悪政も社会の矛盾も、地震や台風などのように受け止めていた、とどこかで山崎正和が指摘していた。愛する男女が結ばれないのも天の災い、生きていて願いが叶わないならば心中するしかない。つまり運命は変えられない。ならば悲運は祈って打払う。だめなら過ぎ去るのを待つ、しかない。

こうした考えがウチナーンチュの根底にあったのだろう。薩摩の侵攻も日頃の御願《ウガン》が足りなかった。時代が下って日本軍の襲来も米軍の侵攻もそうではないか。沖縄戦は人口の四分の一を失う大凶事だった。祈りが全く通じなかった。

沖縄には御願不足《うがんぶしく》という考えがある。失恋も試験の不合格も事故も落選も、病気のまん延も害虫の跋扈も、すべて祈りが足りないのだ。こうした「処世術」が残っているように感じる。

異国人の来琉も同じ。大事にして、こちらに害を及ぼすことなく、早く目の前からいなくなってもらう。それは琉球王府の方針でもあった。漂着した船には十分な薪や水、食料を与える。そして人々には接触させない。

漢方的外交という言葉はないが、西洋医学のようにばい菌や病巣を直接撃つのではなく、じわじわと毒が排出されるのを待つ。あるいはこちらの真心を通じさせ、相手があきらめて出て行く。琉球のような小国にはこうした気の長いやり方しかなかった。

肝心《ちむぐくる》が伝わった一例をあげると、異国船の乗組員の死や事故の時だ。水兵が病死すると、「これを知った土地の人々は、彼のために墓をたてる許可をもとめ、マクスウェル艦長に適当と思う場所を選んでくれるよう頼んだ」。艦長が寺院に近い林の中と答えた。翌日、遺体を墓まで運ぶ。

「マクスウェル艦長は、慣習に従って士官や乗組員たちを先に立て、自分は列の最後尾に従った。この土地の人々の順応性が、このときほど遺憾なく発揮されたことはない。もっとも高位の者が、いちばん最後に並んでいるという事実を認めるやいなや、彼らは、自分たちはこの場合、最前列につくべきだと判断して行列の先頭に加わったのであった。そして葬儀の行われている間、深い静寂を保ちつづけた」

さらに「一夜あけると、人々は墓地に石を建てる許しを求めにきた」。その後、墓石を建て、大きな豚を捧げ、紙銭を燃やし、琉球の流儀に従って葬儀を営む。そして墓碑銘を刻んだ。

「ここに大英帝国海軍アルセスト号の水兵ウィリアム・ヘアーズは眠る。

一八一六年十月十五日死去　享年二十一歳。

この墓は、琉球島の国王と島民たちの深い配慮によってつくられた」

「この言葉の意味が通訳されると、首長たちは、自分たちの親切が英国人に通じたことを知って、非常に満足したとのことである」（『航海記』）

ナポレオンとの会見

琉球を去った後、バジル・ホールはセントヘレナに流されていたナポレオンに会っている。なぜなのか、疑問に思っていた。

ホールの父は、一七九〇年代にフランスのブリエンヌ士官学校に留学し、若きナポレオンを知っていたのだ。

ナポレオンは「なにしろ父上（注、ジェイムズ・ホール）は私が出会った最初のイギリス人だったのだから、驚くにはあたらない」と答えた。つまりホールはかつての同窓生の息子だったのだ。この後、有名な文が続く。

「琉球では武器を用いず、貨幣を知らない、また皇帝の名前も聞いたことがない、とホールが語ると、ナポレオンは大笑いし、笑い声が隣室まで聞こえたという」（『航海記』）

ナポレオンは、武器を用いない、という言葉に笑ったのではなく、ナポレオンを知らないことに大笑いしている。

第2章　クリフォードの訪琉日記

英国海軍からリストラされたクリフォード

バジル・ホールが艦長のライラ号には、親友のハーバート・ジョン・クリフォードが乗船していた。彼の名前はバジル・ホールの航海記にも名前が出てくる。英国海軍尉官の彼は日記を残していた。浜川仁氏（沖縄キリスト教学院大学教授）がイギリス・ポーツマスの国立英国博物館のライブラリーで見つけた。バジル・ホールの航海記を補完するこの日記は、『クリフォード訪琉日記―もうひとつの開国』として出版された（不二出版、二〇一五年）。

二〇〇年前のこの日記は、英国海軍が航海の際に参考にしていた。先達の記録を継承する伝統のようだ。クリフォードは公務から自由、その代わり給料は半額という条件だった。英国海軍のリストラ政策のあおりを食らったのだ。「ナポレオン戦争直後から始まった軍縮は、四〇〇〇人いた尉官のうち、仕事にありつけるのは八人に一人だけというありさま」だった。

ホールの『航海記』に比べて自由な筆致が感じられるのは、公務から外れて（外されて？）いたことにもよるだろう。

クリフォードの功績として「琉球語彙」の収集があげられる。前項で紹介した『朝鮮・琉球航海記』には付録としてクリフォードによる琉球語彙が付いていたのだが、翻訳の際、水路誌、科学上の覚え書きと共に省略されている。

当時のイギリス海軍の派遣は学術的な使命を負っているのが普通であった。初めて行く土地だから陸海の地理、文化、植物、動物などの調査は当然だ。学術的調査、といっても同時に大英帝国の政策の影響は免れない。

同時期（一八二一年）にシンガポール実験植物園が開園。イギリス本土の王立キュー植物園（シンガポール、イギリス両方の植物園とも世界遺産）と連携しながらゴムの樹を栽培し、ゴム・プランテーションの大発展の文字通り種を撒いた。マラリアが猛威を振るっていた土地でのプランテーション経営は、特効薬キニーネなくしてはあり得なかった（ただしキニーネはイギリス人の植民地経営者にのみ処方された）。後に訪れる自動車の時代に、ゴムの樹の大量栽培は、タイヤを生産し、自動車産業を支える大プロジェクトの基盤となった。

ゴムやキニーネに限らず食用、薬用、趣味嗜好用の有用な植物が未知の土地にあるかもしれない。当時は化学合成で薬や肥料を生み出す技術はなかった。未知の植物を探す「プラント・ハンター」が航海に随伴していたことは間違いない。

「女が見えたぞ！」

さて琉球の人々は、そんな生き馬の目を抜くような「近代」とは無縁だった。琉球王府は必死で異国船と人々との接触をさせないようにした。特に女性は一切目にふれないように隠した。ところがクリフォードはちゃんと「高性能の望遠鏡の助けをかりて自分を慰めている。」「ここらあたりの国々の女性たちときたら、どこでも見知らぬ人間が近づくと飛ぶように逃げて行ってしまう。そこで、現在ぼくらが停泊している岸から近距離のところで、簡単に彼女たちの一挙一動を観察しているというわけだ。」

クリフォードの女性観察の例をあげよう。那覇港湾へ上陸した時のこと。

「反対側では、ぼくらを眺めようと集まった女たちがずらりと並んでいた。」

大急ぎで駆け寄る動きから、中国のように纏足《てんそく》をしていないことに気付く。

「女たちの足首はよく整っていて、おなじく健康な美脚を見せていて、衣服はぼくらの国で今年の始めに流行していた服と同じくらい短いものだった。女たちの大半は腕に子どもを抱えており、男たちよりずっと色白で、肉づきがよく、丸みのある顔で、頭の右側に束ねた髪は、後ろの方に男たちよりも豊かにあった」

ところでこの航海にはたった一人女性が乗っていた。アルセスト号のボースン（掌帆長）の妻である。彼女は当然ながら琉球人たちの好奇心の的となった。しかしクリフォードは女性の美醜にいささか厳しい。

「ぼくが残念に思うのは、もっと出来のよい標本をお見せできないことである。この標本についていえば、その立ち居振る舞いは、彼女の身分からすれば並外れて好ましく、彼女の物腰も謙虚で適切ではあるのだが、ぼくの危惧しているのは、琉球の人たちに、イングランドの女たちの皆がこの類ではないことを、どうしても分かってもらえないかもしれないということだ」

つまりあんなブスがイングランドのレディと思われてはたまらない。イギリスにはもっと美人がいるぜ、と言いたいのだ。その後、彼女は洗濯桶を使っている姿を見られ「現地の人びとをびっくり仰天させた」。

行く先々で役人たちが住民たちを追い払っていた。運天港に上陸した時のこと。琉球の農民が快適な暮らしを営んでいることを実感する。馬小屋には小型の馬が二頭、同じ屋根の下に豚が数匹。家禽の飼育も十分に行き届いている。

「小さな建物があって、その中には穀物のための木製脱穀機がみられ、二本の円筒状の丸太（一方は中空で、もう一方はそうでない）には上下に溝が掘ってあり、互いを嵌めこんである（注、米や粟から籾を取り除く機械）。穀物を上に乗せて挽くための石具もあった。近くにはカゴに綿が入っているのを見かけた。

これらすべてが、人びとが仕事をしていたところを大慌てで余所へやられてしまったという雰囲気を醸しだしていた。間違いなく女たちでどこかへ閉じこもっているのである。例外といえば二、三人の老婆だけで、これほど醜い女たちには、ぼくはお目にかかったことがなかった。この女たちが近づくと見るやいなや、男たちが慌ててどこかへ追いやってしまった」

せっかく近くで見ることが出来た女は、超ブス。クリフォードの失望が伝わってくる。

この時期のイギリスでは、ようやく女性の権利が唱えられつつあった。フランス革命と産業革命を端緒に、一八世紀末頃から芽生えはじめた女性解放思想が、男性の従属物としてあらゆる権利を制限されていた英国の女性たちをいかに突き動かし、参政権獲得という具体的目標に向けて形をとりはじめたのか。『イギリス女性運動史』（レイストレーチー著、みすず書房）は、男女平等の人権を求めるメアリー・ウルストンクラフト『女性の権利の擁護』刊行の一七九二年を起点におき、さまざまな史実や人物群像を描き出しつつ、英国で女性の普通選挙権が実現した一九二八年に至る道程を活写している。

産業革命は女性を家庭から工場へ引き出し、労働力として育てつつあった。当然、女性の権利の擁護も伴う。イギリスの初期社会主義者ロバート・オーウェンが一八〇〇年にスコットランドのニューラナークに紡績工場を作り成功した。労働者の環境改善に努力したが、必ずしも成功した訳ではない。マルクスからは空想的社会主義と揶揄された。

このように、クリフォードが育ったイギリスは、女性の権利が主張され始めた時期だった。「真栄平から学んだことだが、この国の人びとに妻はひとりだけであり、側室が認められているのは、国王だけである」

「人びとが中国の慣習について敬意を欠く物言いをするのを耳にして、ぼくらはしばらく驚かされた。特に妻や側室が複数いるという習慣については、大変批判的である」

こうした記述からはイギリスで勃興し始めたフェミニズムの影響と、琉球の人びとの女性蔑視の少なさに好意を抱いている様子がうかがえる。

クリフォードは帰国後、ほとんど独力で英国海軍琉球伝道会を設立した。そしてイギリス国教会の宣教師を琉球に派遣する。派遣したのはユダヤ系の変人・ベッテルハイムであった。彼の功績とひきおこしたトラブルについては別に記すことにする。

第3章　フォルカード神父の琉球日記

フォルカード神父が来琉したのは一八四四年。アヘン戦争が英国と清朝の間で起きたのが一八四〇年、二年後に清朝が大敗。南京条約で香港の割譲などを認めさせられた。以降、アヘンがさらに中国をむしばんでゆく（アヘン戦争の五年前、既に患者は二〇〇万人に達していた）。

フランスにとっても通商と信教の自由を認めさせるのに有利な状況が生まれた。火事場泥棒と同じだが、その時代は弱肉強食、弱い国からはむさぼりつくそう、という考えが当たり前。アジアは虎や狼に狙われる子羊のような存在だった。

一八一六年に来琉したバジル・ホールの時代に比べ、二八年後の世界は荒々しい資本主義の波がアジア諸国の岸を洗っていた。

これに対抗する動きも出てくる。一八四五年二月にマルクス・エンゲルス『共産党宣言』が出版された（二月英版、三月独版、六月仏版）。ペリー来琉の八年前のことだ。『増補情報の歴史』（松岡正剛監修、ＮＴＴ出版）によれば、以下のような出来事が進行していた。

一八四〇年代とはどんな時代だったのか

「一八四〇年代を開く鍵は、モールス電信機（一八三五年）、アメリカ産業革命（一八三六年）、ダゲレオタイプの登場（一八三七年）、リービッヒの有機化学の確立（一八四〇年）、マイアーのエネルギー恒存則（一八四二年）にある」

ダゲレオタイプ（銀板写真）は一八四一年には日本に渡来し、島津家が所有した。ちなみに一二年後の一八五三年、ペリー艦隊が琉球に持ち込み、写真技師のブラウンが貴重な写真を残している。

また、リービッヒの有機化学の確立とは、ドイツにおける化学肥料の発明であった。

一八四〇年にはイギリスがボルネオ、ニュージーランドを領有した。パリでは六万人の労働者がストライキを起こす。ロシアでは農民反乱が起こる。

林則徐がイギリスのアヘンを焼却、アヘン戦争が勃発した（〜一八四二年）。華僑が急増した。

日本では、老中・水野忠邦により、奢侈を禁止した天保の改革が始まった（〜一八四三年）。

一八四二年には香港が割譲され、広州、福州、厦門、寧波、上海の五港が開港した。

日本では異国船打払い令が緩和された。この頃琉球は第二尚氏王統（後期）の時代である。

若き宣教師フォルカード

ルイ・フィリップ（在位一八三〇〜四八年）が派遣した全権公使ドゥ・ラグルネは、中国政府と通商、布教について条約を締結しようとしていた。海軍のセシーユ提督は示威行動をもって交渉を支援する。この間、アルクメーヌ号を琉球の偵察に派遣する。そこに乗船し、琉球へ向かったのがフォルカード神父（当時二八歳）であった。パリ近郊ヴェルサイユで生まれた若き宣教師の目から見た琉球を紹介しよう。

「一八四四年四月二八日、守護聖人ヨセフの祝日。天気は回復して輝く太陽が昇り、よい具合に風が吹いている。夜が明けるとすぐに那覇湾に向かった。途中、何度か、島民たちが海岸から我々のことを観察しているのに気づいた。数艘の漁船とすれ違ったが、近づいて来る船はいない。九時ちょうど、ついに停泊し、錨を下ろした。帆を畳み終えぬうちに一艘の舟が近づいてきた」（『幕末日本交流記　フォルカード神父の琉球日記』中公文庫、以下『琉球日記』と略）

乗っていたのは安仁屋《あにや》里之子《さとぬし》親雲上《ぺーちん》ともう一人の官吏だった。安仁屋は一八一六年（二八年前）にバジル・ホールが来琉した時に次席通訳を務めた（首席はメーデラーと呼ばれていた真栄平房昭）。

艦長室で話をすると、彼らは、地方官（外国船来航時の応接官）に使われている者である、という。艦長は、「ではその高官に会いたい」と伝えた。会見の終わりに艦長は食事を供し、彼らは「この上なく上機嫌で舟に戻り、町への帰途についた」。

滑り出しは上々だ。しかし彼らに、ふだん話しているのは何語か、国王はどこにいるのか、という質問をしても、分からないふりをしたり、返事をしない。

夕方には下級役人たちが三艘の舟でやって来た。水、薪、鶏、サケを積んで地方官からの返事を携えていた。夜が明け次第、水先案内人が乗船して、もっと良い停泊地に誘導し、その後謁見が執り行われることになった。

琉球側の偽装作戦

翌四月二九日、さっそく水先案内人が乗船し、「もっと安全な停泊地」へ移動させてくれる、という。しかしフォルカードは、出来るだけ船を町から遠ざけ、昨晩灯りが輝いていた村に近づけ、そこを首都に見せかけるつもり、と見抜いている。

地方官との会見は、「粗末な壁に囲まれた敷地の中の木造のあばら家のような」場所で行われた。琉球は非常に貧しい、と印象づけるための作戦だ。艦長は話を始める前に、紫冠の官吏（地方官）を指差して言った。（この地方官は、艦長と）話をしなくて済むように部屋の反対側の端に行って座っていた。

艦長「あの官吏が那覇の地方官なのですか」

琉球側「はい」

艦長「地方官ともっと楽に話ができるように近寄ってきていただけませんか」

琉球側「ただいま」

しかし（そう返事をしただけで）、お茶やキセルやタバコが一同にまわされた。つまり無視されたのだ。さらに艦長は地方官にこちらに寄ってもらうように頼む。しかし琉球側は地方官は中国語が分からない、と拒否した。

艦長「（略）地方官はなぜ私たちのためにわざわざ出向かれたのですか。私たちが那覇の自宅に伺ってもよかったのですが」

琉球側「ここは那覇であり、皆様は地方官の自宅にいらっしゃるのです」

艦長「いやそんなことはありません。町はここではなくて、あちらの方です」

艦長は納得いかないながら、本題に入る。

艦長「この二百年来、フランスと中国の両皇帝は友好関係を保ち、わが国の皇帝は数隻の軍艦を中国に常時派遣してきましたが、両帝国の関係がさらに緊密になったので、現在はさらに多くの艦船を派遣しています。（略）私の目的は、この国の王に皇帝の友好（の意）を伝えること以外にはありません。」

中国がイギリスから戦争をしかけられ、領土をとられ、住民の海外脱出が相次いでいたことは琉球側も十分承知していた。南海の小国・琉球は一六〇九年以来薩摩からは搾取され、いままた青い目の異国船から恫喝を受けているのだ。この時の琉球は尚育王（在位一八二八～四七年）第二尚氏王朝第十八代国王だった。在位中は多数の異国船が来琉し、対応に追われた。

琉球側「私たちはすでに皇帝陛下の友人です。御覧の通り皆様を丁寧にもてなし、必要なものは何でも差し上げることを無上の喜びとしております。通商に関しては、この王国は小さく貧しいので、宝石のようなヨーロッパの品々と交換できるようなものは何もございません」

と通訳が答える。彼は地方官に相談せずに自分ひとりで応答しているかのようだ。フランス側は、この通訳は重要人物が変装しているのだと推測する。彼の正体は板良識朝忠《いたらしきちょうちゅう》。牧志朝忠（一八一八～六二年）として知られている。九年後のアメリカのペリー艦隊、一〇年後のプチヤーチン率いるロシア艦隊の応接にあたる人物だ。

艦長はじわじわと脅しにかかる。

艦長「今から予告しておきますが、数ヵ月後には、もっと大きな軍艦が周辺海域における全フランス艦隊の司令長官（セシーユ）を乗せて到着することになっています。この高官に対して返答しなければなりません。」

セシーユ司令長官についてフォルカードは後にこう記している。

—セシーユ提督は中国から戻るとローマ教皇ピウス九世から伯爵の称号を贈られ、その後、下院議員、ロンドン大使、帝国元老院議員をつとめた。彼は最もキリスト教徒にふさわしい気高く長い生活を全うした—

艦長はフォルカードともう一人の通訳を琉球に残す、と言明する。琉球側は動揺する。絶対に認められない、と言いつつはやくも四日後には返事が来た。

「大帝国の命令は畏れ多きものでありますから、この小国の表する敬意を何卒お受け下さい。そして通商を開くことはどうかご容赦願います」

そして綿綿と琉球側の事情を語り、アメリカにもイギリスにも通商はご容赦願っている、と説明している。しかし末尾に次のように記してあった。

「艦長殿は通訳二人の滞留をご希望とのことですので、私共も検討致しました。しかし、今まで外国人が上陸してこの地に滞在したことは一度もございません。この国は衛生状態が悪いので、御二方が体に合わぬ気候のために病気にかかることを懸念致しております。これは非常に重要な問題ですので、この点をご留意願います」
フランス側はこれを承諾、ととった。フォルカードによれば
「このように漠然とした言い方をして、追伸になって初めて本題に入るのは、どう見ても日本か中国、もしくはこの両国を警戒しているのであろう」
琉球側はあきらめて二人の滞在を認める。数ヵ月後にフランスの全艦隊が押し寄せると聞かされては、断る術がなかったのだろう。

十字架発見！


ところでフォルカードは、上陸後すぐ（五月一日）に、あるものを発見した。

「湾に突き出た桟橋の代りをしている突堤の先端でボートが来るのを待っていると、かなり大きな敷石の上に、つまりそこは上陸する時に第一歩を踏み出す場所なのだが、ラテン十字がはっきりと記されていることに、大変驚いた。」

同行した官吏は困ったような顔をして何も答えない。

「一人の者が石に軽く触れ、十字の印をなぞりながら、『分かりません、意味はないでしょう』と口ごもりながら言った。

助け舟をだすように、フォルカードが訊く。

「これは十という漢字ではないのですか」

「彼らはこの解釈に満足した様子だった。両手の指十本を広げて見せながら、よくあてたとう

れしそうに言った。私はこの解釈を信じ込んだふりをしておいた方が賢明だろうと思った。しかしよく考えてみると、やはりこれは昔日本にあった絵踏のしきたりの名残ではないだろうか」

艦に戻る途中、軍医長がこの十字架を削り取るか、消してしまおうかと提案するが、フォルカードは、言われるままに数字を表す漢字だということにする。この辺の鷹揚さが、二年後に来琉するベッテルハイムとは大きく違う。

この「十」の存在は沖縄では誰に聞いても分からない。港の整備に伴って壊されたのだろう。

社会不安が続くフランス

フォルカード師が琉球に派遣された当時（一八四四年）のフランスを垣間見てみよう。

「(一八三〇年) ルイ・フィリップの即位式は、八月九日、下院のあるブルボン宮で行われたが、上下両院の議員を前に、改正された憲章を遵守するむねの宣誓文を彼が読み上げただけである。聖油式はおろか聖書すら持ち込まれていなかった」(『近代ヨーロッパの情熱と苦悩』世界の歴史22、中公文庫)。ルイ・フィリップは「反カトリック王政、君主制の世俗化」を象徴する王であった。

「じつのところ、カトリックの聖職者はこの時期、聖服を着て街を歩ける状態ではなかった。聖職者やカトリック信仰を表象するものへの攻撃が行われ、首都の教会は数日間門戸を固く閉ざし、蜂起した民衆はチュイルリ宮を略奪したあとパリ大司教に押しかけている。ノートルダムでは聖具室が荒らされ、三色旗が掲げられた。パリ近郊、モンルージュにあったイエズス会の会館は恰好の標的であった。」

「一八四〇年五月にはナポレオンの遺骸をひきとり、アンヴァリッドに安置して彼の名誉回復を公式に宣言した。民衆のナポレオン信仰に逆らわず、それをむしろ国民統合つまりは政権維持に利用する柔軟性をあわせもっていた。」

パリの街は農村からの流入が激しく、彼らの滞留するスラムは肺結核、コレラ、チフスの巣窟であった。一八三二年にはパリで一万人以上が死亡。産業革命によって引き起こされた社会問題が深刻化していた。プルードンの「所有とは何か」（一八四〇年）では「所有、それは盗みである」と規定している。

一八四八年二月二三日、二月革命勃発。ルイ・フィリップは亡命。詩人ラマルチーヌなどが中心となって共和制を宣言する。今度はカトリック教会と共和制の同盟が一時的に成立する。「街路では『キリスト万歳！　自由万歳！　ピウス九世万歳！』という歓声が響きわたった」

一八年前の反カトリックとは様変わりしている。

信徒発見？

パリ外国宣教会は東アジアにおけるカトリックの布教を目的として一六五三年に設立された。フォルカードの使命は琉球に定住し、その後、日本へ渡ることにあった。しかし実現しなかった。琉球に定住できたのは二人。フォルカードと中国人の伝道士オーギュスタン・コーであった。彼は信仰のために広東の刑務所に留置されていたところをセシーユ提督によって釈放され、琉球へ同行した。

この二人が琉球に定住して間もなく、謎めいた出来事が起こる。オーギュスタンは毎晩海岸に出てロザリオを唱えていた。ところが一八四四年の一〇月二日（上陸から約五ヵ月後）、空は暗く、午前中に王子が死去し、皆は動揺していた。ふと水の中を人が歩くような物音を耳にする。一人の男がオールを片手にオーギュスタンの前に現れ、小声で話しかける。

「手まねで寺を指しながら、何かどうしても聞きたいことがあるらしいのです」

オーギュスタンは何を求められているか見当もつかない。悪者かもしれない、と身構える。すると男は引き下がり、怖がらせないようにオールを置きにゆく。

「そして急いで戻ってきて、もう一度お辞儀をし、ひざまずいて懇願しました。この不思議な出会いは四、五分も続きましたが、オーギュスタンには相変わらず何のことか分かりませんでした」

二人の興奮した話し声に気が付いた見張りが駆けつけてくる。すると男は来た時よりも素早く海の方へ逃げ出し、そばでじっと事態を見守っていた男と小舟で見る見る遠ざかっていった。

「このできごとについて、私は色々考えてみたし、今も考えています。この人たちは昔のキリスト教徒の子孫ではないでしょうか。」

もしこの二人が隠れキリシタンであったなら、そしてもし彼らが告白出来ていたなら、三世紀近くにわたる迫害を超えたキリシタン発見としてヨーロッパで大ニュースとなっただろう。

長崎浦上村での「信徒発見」―「ワレラノムネ、アナタノムネトオナジ」(私たちの信仰はあなたの信仰と同じです)―は一八六五年。琉球でのこの出来事はそれより一一年早い。

さらに想像を膨らませると、彼らがフォルカードの想像通りのキリスト教徒であることがはっきり確認されていたら、琉球には大天主堂が建てられ、カトリックの巡礼の地となっていたかもしれない。

フォルカードは日本語を習得するのに熱心だった。日本と琉球はほとんど同じ言葉だ、と認識していた。しかし最初は、妨害された。嘘を教えて喜んでいたくらいだ。ところが(彼の住んでいる)寺にいる下級官吏が突然態度を改め、会話を教えてくれるようになった。おかげで「一万語以上収録した小辞書を作成」することが出来た。

もうひとりの宣教師ベッテルハイム

一八四六年四月三〇日(上陸から二年後)、久しぶりにイギリスの船が那覇に停泊する。

「昨年私の手紙を運んで行った二隻のフリゲート艦以来、ヨーロッパの船がこの地に現れるのは初めてのことである。早速船に乗り込むと、そこでベッテルハイムという人物に出会った。彼は、自分は医者として慈善団体から琉球に派遣されたのだと言った」

ベッテルハイムはイギリス海軍琉球伝道会が派遣した宣教師・医師であった。この会は三〇年前の一八一六年、イギリス艦船アルセスト号・ライラ号の乗組員が宣教師の派遣を計画し、クリフォード中尉が中心となって結成した。

ベッテルハイムはユダヤ系ハンガリー人として生まれた。香港で日本語を学び一八四六年来琉。積極的な伝道活動に励むかたわら聖書の翻訳を行った。五四年、ペリー艦隊と共に香港に引き上げ、のちにアメリカ・ミズーリ州にわたる（『琉球日記』解説より）。

ベッテルハイムは、「自分がプロテスタントであることを打ち明け、宗教上の見解の相違を乗り越えて、互いに交際を深め、相互理解のうえに共存を図りたい意向だと言った」とはいうものの、フォルカードはあまり好印象を持たなかったようだ。五月四日（四日後）の日記。

「その晩、イギリス人の医師（ベッテルハイム）が私を訪ねてきた。私は丁重に応対したが、たいした話はしなかった。」

翌五月五日の日記。

「私がベッテルハイム氏の訪問の返礼をしようと出かけたところ、途中で本人と出会った。彼は布政官のところへ家を一軒与えてほしいと言いに行くところであった。彼のところへはだれも病人を連れて来たがらないし、彼は寺に幽閉され、非常に意気消沈している。さらに悪いことには、一緒に来た女中が怖がって下船しようとしないので、夫人は二人の子供と共に（寺に）取り残されて、困り果てているのである。お気の毒に！　あなたはもっと多くの困難に遭遇することでしょう。」

この言い方はどう見てもベッテルハイムに同情している、とは思えない。

五月一六日の日記。

「とうとう今日はベッテルハイム医師を訪問することにした。彼は高官の許可を得て、那覇港の入口近くの寺を引き払い、同じ町の別の寺に住んでいた。この寺の方が私のところよりずっと清潔で美しい。とはいえ気の毒なことに彼は私と同様この国の官憲との間に難題を抱えてしまっている。官憲は彼にいてほしくもないし、医療も受けたいとは思っていないのだ。彼は私に積極的に近づき、親しくなっておきたいらしい。だが諸般の事情から見てそれは不可能だ」

　これまた突き放すような言い方に聞こえる。ベッテルハイム夫人からはワインを混ぜないとここの水が飲めない。そこで何本かもらえないだろうか、と頼まれるが断っている。ベッテルハイムは彼が設立しようとしている病院の広告を、フォルカードの住む寺に貼ったりしている。

七月八日の日記には迷惑至極な様子がうかがえる。

「病院というのもプロテスタント伝道の一手段なのですから、引き受けて異端の片棒を担ぎたくはありませんでした」

「聖母マリアが彼を改宗させて下さるなら！　それは難しいでしょうし、人間的には不可能でもあります」

　一方が正しければ、他方は間違い。同じキリスト教徒なのだから折り合って一緒に行動すれば良いものを、そうはいかないらしい。フォルカードは次のような手紙を出す。

「あなたが正しいとすれば、私は間違っているのですし、私が主なる神の教義を知っているとすれば、あなたのは真実のものではないのです。つまりあなたが救いの道を歩んでいるなら、私は滅びの道にあることになります。真の宗教を信じる者だけが救われるからです」

ヨーロッパから見れば辺境・未開の地、琉球。そこで二人はキリストの教えを広めようと死にもの狂いで努力している。そして同じような迫害を受けている。しかしながら絶対に協力しようとはしない。原因はそれぞれの神についての解釈にある。だから妥協はあり得ない。

「宗論はいずれ勝っても釈迦の恥」という言葉を思い出す。いやそんなに簡単に片づけられては二〇〇〇年のキリスト教の歴史が、何十億人のキリスト教徒が、絶句し怒りだすだろう。

二人の目的は、「魂なき獣のごとき琉球人たち」を入信させ、次に日本へ渡り布教することにある。残念ながらそれは失敗した。

フランスの狙い

この頃、琉球はイギリス船との交渉しか経験していない。一八四六年六月、セシーユ提督が琉球の総理官と会見する。提督はフランス、ロシア、イギリスはヨーロッパの三大王国であり、スペインはルソン島を領有し……と琉球をとりまく情勢を説明した。そして
「フランスの皇帝は広大で美しい国土を支配しているので、遠方の地を征服して版図を拡大しようなどというつもりはない。さらに皇帝は賢明な方であり、正義にかなわないことを望んだりはしない。戦争は国民を不幸にするので望むところではないが、侮辱には敏感であり、いざとなれば戦争も辞さないし、多数の陸軍と強力な海軍を保有しているので、簡単に勝利を得ることができる」と脅しをかける。
そして日本の鎖国政策は間違いだ、尚巴志の時代の栄光を思い出せ、と説く。

「貴国は通商によって銀貨や銅貨を大量に獲得したために、福建や浙江ではそれが少なくなり、中国人はそのことで皇帝に苦情を申し立てたくらいだ」と通商の必要性を強調。最後にこう結んでいる。

「ヨーロッパ人との関係を緊密にすれば、貴国は昔と同じように再びあの高い地位と権勢を誇ることになる。だからこそ私は、我々が最近中国と結んだものと同じような条約を結ぶことを提案するものである」

幕末へ向けて、激動は既に始まっている。九年後、琉仏条約が締結されるが批准にまで至っていない。フランスと日本との間には一八五八年に条約が結ばれる。

一八四六年六月、琉球を訪れたフランス艦隊の中から三人の死者が出た。そのうち二人は名護市の屋我地島に葬られている。現地取材の結果は次項で紹介する。

屋我地島のオランダ墓

「一八四六年六月六日、三隻のフランス軍艦が運天港に入港する。クレオパトール号、サビーヌ号、ヴィクトリユーズ号。那覇で交渉に失敗した一行は六月八日、司令官セシル自ら兵を率いて上運天《かみうんてん》に上陸し、示威行進をしたり、今帰仁の地頭代を艦上に招待して交易交渉するが失敗。七月五日まで碇泊するが結局長崎に向けて出発する」(「村内の歴史散歩　金石文から読む歴史③」『広報なきじん』昭和五七年一〇月一日より)
一八四六年六月七日朝、フォルカード神父はポート・メルヴィル（注、メルヴィルは将軍の名前）と呼ばれていた運天港に上陸する。以下は『幕末日仏交流記　フォルカード神父の琉球日記』（中公文庫）より引用。

六月八日、提督以下のメンバーが運天港を視察。以下のように印象を記している。

「提督は三隻の艦長と参謀と私を連れてボートに乗り込んで、港を視察した。港には十分な深さがあるし、山々に囲まれて完璧に保護された水面が延々と連なっていて、一口に言って素晴らしい停泊地になっている」

六月一二日、フォルカード神父は屋我地島の先端に赴く。

「私はルテュルデュ師の補佐で、ヴィクトリユーズ号の水兵の葬儀を執り行った。彼は宗教上の救いを受け、安らかに昨日永眠したのである。この悲しい儀式はすべて定められた通りに行われた。埋葬の場所には、港の方に迫り出した岬の突端で、たいそう見晴らしのよい場所が選ばれ、墓には木の十字架が立てられた」

今はこの墓はオランダ墓と呼ばれている。琉球では外国人はすべてウーランダーと呼ばれていた。オランダもイギリスもフランスも外見で区別できるはずがない。

二〇一六年五月三〇日。梅雨の合間で朝から雨、午後から晴れ間が広がった。屋我地島のオランダ墓を訪ねた。正確な地名は名護市字運天原《うんてんばる》八四八番地。山岳《さんたき》と呼ばれていた地域だ。

小さな港から、海沿いに細い道が延びている。廃屋を右手に見ながら進む。両脇には草が生い茂り、蝶々が飛び回っている。右手は森、沿道から一〇mほど奥に沖縄式の墓がいくつか横たわっている。左はすぐ下が海岸。大きな波が来るとかぶりそうな小道だ。約二〇〇ｍほど歩くとオランダ墓の標柱があった。その先に十段ほどの木の階段（この道は沖縄サミットの時に整備された。それ以前は引き潮の時しか渡れなかった）。

屋我地島のオランダ墓
（左）墓石に彫られた十字架　（右）古い石段

木の階段を上ると右手に亀甲墓に似た大きな墓があった。目の前に古い石段が三段。一段あたりの間隔がずいぶん高い。大きな岩の手前に横たわる墓からは、ところどころ植物が這い出し、白い花を咲かせている。頭部に墓石が二基。二つとも上部の右から左に「永光照之」と書かれている。永き光之《これ》を照らす。光と照の間に花びらが開いたような十字架が彫られている。桜の花びらを長くしたような形が上下左右に広がる。どこかで見た十字架だ。墓石にはその下に三行ほど漢字が縦に刻まれていたが読むことができなかった。

帰りに名護市博物館に寄り、館内の教育委員会で資料のコピーをもらった。墓石の大きさは縦七五㎝×横五一㎝、厚さ八㎝。

お墓の大きさは書いてないが、実見では横三m、縦五mくらいだった。キングサイズより大きな墓の下に二人の遺体があるのだろう。

葬られていた二人のうち左側の墓石に刻まれているのは、サリュ・ジャック（三五歳）。二等水夫。料理人。一八一一年五月二日ドラギニャン生まれ、一八四六年六月一一日逝去（資料にはSALLUS JACQUESシャリュス・ジャークと書いてあるがフランス語読みだとサリュ・ジャックとなる）。フォルカードの日記では「一一日永眠」とあるだけで死因は不明だ。

もう一人、右側の墓石は、フランソワ・シャルル（二三歳）。一等助銃工（銃工とは小銃の製造修理工のこと）。一八二三年八月一六日ブレスト生まれ、一八四六年六月二〇日ポート・メルヴィル（運天港のこと）で逝去。

フォルカードの日記によれば、六月二〇日「軍医長からの使いが来て、夜中に起こされた。長いこと病に伏していた兵器係の二等兵が突如として絶望的な状況に陥ったのである。この気の毒な男は意識がはっきりしているのだが、自分の最期がそれほど近いとは思っていない様子なのだ。私が何と言おうと、すぐに告解する決心がつきかねていた」（略）。

朝の五時から六時ころ、はっきり目が覚めないまま、フォルカードは病室に飛んでゆく。

フォルカード「病人の容体は？」

軍医「よくありません。かなり悪いです」

近づいてみると、彼はだれにも気づかれずに他界した直後だった。一分前にはまだ話をしていたのに。何か必要なものはないかと尋ねると、「いえ、何もありません」と答えていたのだ。

これは彼の最後の言葉となった。恩寵を思い違いした不幸な例である。事を一日のばしにしてはならないのだ。

フォルカードは終油の秘跡を受けさせてやれなかったことを悔やむ。

二人の死亡時期は九日違いだ。ハブに咬まれたという言い伝えもあるらしいが、後で亡くなったフランソワ・シャルルは「長いこと病に伏していた」ので違う。

二人の名前は、一九八八年に今帰仁城跡を訪れたフランス外務省外務書記官オリビエ・アンサール氏（後に駐日フランス大使館広報部長）に、『広報なきじん《なきじん》』の編者村上仁賢氏（村文化財保存調査委員）が依頼し、一四二年ぶりに明らかにされた。

二人の埋葬はなぜ那覇市内の泊北岸の外人墓地ではないのか。村上氏は次のように推測している。

「埋葬は通商を拒絶する首里に依頼できないとすれば、今帰仁番所に依頼するよりほかにありません。」

現在では「オランダ墓」は名護市の指定記念物になっている。

「墓碑は、ニービ（砂岩）に立派な様式と文字で刻まれていて、おそらく王府が関わった仕事ではないかと考えられている。この碑は割れてしまったため、名護博物館に収蔵され、当地にあるのは複製である」

この複製の石碑も古びて苔むし、書かれた字の判読は難しかった。フォルカードの日記には「木の十字架を立てた」とだけ記してある。その後、琉球王府の肝いりで墓石を彫り、二人の死者のために立派な墓を用意したのだろう。

那覇・泊港のオランダ墓に葬られたのは仏人宣教師？

フランス艦隊の中でもう一人、三人目のガラン・ジュールが肺炎で病死。一八四六年一〇月に亡くなり、那覇の外人墓地に葬られていることが分かった。フランス艦隊の出発後、四ヵ月経っている。そのせいで遠隔地の名護市屋我地ではなく、那覇の泊《とまり》港北岸の外人墓地に葬ったのだろう。

二〇一六年六月二日、泊の外人墓地の中をくまなく探したが、ガラン・ジュールの墓は見つからなかった。フランス人の墓は二基、一八四八年に亡くなったアドネ神父とJ・T・ドス。外人墓地の中では一番立派な墓だ。囲いが低いので横を走る道路からすぐ見える。アドネ神父の墓には上部にフランス語、その下に英語で「MATHIEU ADNET 神父ここに眠る」、下部には「主よ　永遠の安息を　彼に与えたまえ　パリ外國宣教会　マシユウ　アドネ神父の墓　一八四八年七月一日　琉球に於て没」とある。最上部の十字架は花びら形ではなく普通のものだった。J・T・ドスについては十字架もなし。「JTDOSS.　BORN1818 — DIED1843」。名前と生年、没年が記されているだけだった。

フォルカード神父が来琉したのが一八四四年だから、その一年前に亡くなった人だ。アドネ神父同様にパリ外国宣教会から派遣されたカトリックの神父であれば、十字架付きの立派な墓であっても良さそうなものだ。後でちゃんと刻銘するつもりだったのか、ただ名前と生年没年が記されているだけで何者か分からない。没年から生年を引くと二五歳の若者であったことが分かる。

近くに大きな古い墓が数基横たわっている。この中にフランス艦隊の三人目の死者ガラン・ジュールが葬られているのかもしれない。

外人墓地のある泊港北岸は、離島航路のフェリーや高速艇が発着している。港から道路を隔ててすぐに外人墓地がある。入口の鉄の柵は左にあり、入るとすぐにペリー提督上陸碑が見える（これはペリー来琉の項で詳しく紹介する）。

那覇市泊の外人墓地

外人墓地のアドネ神父の墓

右手に整然と白い十字架が並んでいる。全て戦後のものだ（この中にフリーメーソンの印がついた墓も二基、ダビデの星も二基見た）。さらに奥には古い墓が横たわっている。全て戦前のもので中には二〇〇年以上経過し、黒ずんでいる墓もある。

アドネ神父は一八一三年生まれ、フォルカード、ルテルデュの次の神父として聖現寺に住み、布教を図った（が、もちろんフォルカード同様許されなかった）。

アドネ神父は「胸を病んで悶々の日々をこの異郷の古寺で過ごしていたようである。泊の古老から聞いたことがあるが、この仏人は良く福木に覆われた聖現寺の石がきの上に腰かけて、寂しそうに通りをながめていたという」と外間政章氏（前琉球大学教授）が記している。貴重な記録だ（『今日の琉球』第一三巻五・六〜七号、一九六九年六月〜七月）。

聖現寺は外人墓地の上にある。泊高校のグランドに沿って坂道を上る。左へ曲がると視界が広がり、海の向こうには慶良間諸島が見える。崖の手前、左手にある聖現寺を訪ね、由来を聞いたが、資料は全て沖縄戦で消滅してしまった、とのことだった。


那覇市内から名護市の屋我地島に戻ろう。

フォルカードは屋我地での埋葬の後、感想をこう書き記している。

「ここの住民たちは、墓や大砲には敬意を払っているので、たとえこの国の支配者たちがこの聖なる印（注、木の十字架）を自分たちの救いの印などとは全然思っていないにせよ、侮辱的

泊のアメリカ人墓地
（『ペリー提督日本遠征記』）

な扱いをうけるようなことはないだろう」

一七〇年前にフォルカード神父が訪れた場所に私は立っている。なぜここにこんな立派な墓を建てたのか。当時は屋我地へ通じる橋も道路もない。小さな舟で石を運び、墓石を彫り、亀甲墓に似た墓を建て、木の十字架の代りにした。

琉球王府は、後難を恐れてフランスに対して最大の配慮をしたようだ。

花びらのような十字架の謎

墓石に記された十字架は後で調べると、八尾十字架という。なんと聖ヨハネ騎士団（マルタ騎士団）が使うマルタ十字だった。イタリア中世のアマルフィ共和国の国旗でもある。アマルフィ海岸はイタリアの誇る世界遺産の一つで、ギリシャ神話では世界一美しい場所とされた。

今でもイタリア海軍旗として使われているこの旗は正確に言えば、四つの紋章が左上にヴェネツィア共和国、以下時計回りに右上がジェノヴァ共和国、右下にピサ共和国、左下にアマルフィ共和国と並んでいる。かつてイタリア中世の四大海上共和国と呼ばれた国々だ。

イタリア海軍旗

この旗はヴェネツィアの観光用ゴンドラにも掲げられている。左上の、翼を持つライオンがヴェネツィアを表す（インターネットで「イタリア海軍」と検索すればすぐに出てくる）。

なぜこんな十字架がここにあるのか？　アマルフィ共和国

の旗と、聖ヨハネ騎士団、マルタ騎士団、そして来琉したフランス艦隊との関係は？

第4章　マルタ騎士団の来琉？

花びらが上下左右に伸びたような不思議な十字架は、アマルフィ共和国の旗、そして聖ヨハネ騎士団、マルタ騎士団の旗でもある。それがなぜ沖縄県名護市屋我地島に葬られた二人のフランス人の墓に印されているのか。

まずは『十字軍騎士団』（橋口倫介著、講談社学術文庫）を読んでみた。

三大騎士団

まえがきには、「一二世紀から一三世紀にかけて続々と創設された騎士修道会のうち、その規模と歴史的役割の最も大きかったテンプル（神殿）、聖ヨハネ（ホスピターラー）、およびドイツ（チュートン）の三者がこの新制度を代表しており、非キリスト教地域（イスラム教の中近東地方やスラブ人居住区）への海外布教にその軍事力を発揮したことから、騎士修道会というより騎士団とよばれるにふさわしい」とあった。

かなりヒントが詰まっていそうだ。この「新制度」というのは、本来は異質の修道士・騎士団という聖・俗の二つの世界を代表する者が十字軍時代の社会的要請で理念的に融合し、現実的に一身で両身分を兼ねる新しいタイプの修道騎士が誕生した「制度」である。

原本の序文には、筆者の関心が述べられている。

「新しい時代に生き残った聖ヨハネ病院騎士団修道会とテンプル騎士団の比較研究に重点をおき、でき得れば前者の残存の真相をきわめ、これを結論として証明することである」

以下、アマルフィ共和国、聖ヨハネ騎士団、マルタ騎士団のつながりを拾ってみる。

「騎士団はいずれも十字軍（聖地、イベリア）または百年戦争という中世の大動乱を背景として発生・発展をとげており、機能的に高度の軍事力を発揮した点で共通性をもち、しかもその大部分が財政的に独立した組織体として自由かつ豊富な人材と物資の動員をなし得る点で、他のいかなる封建的軍事力とも相違していた」

しかし聖俗一致はもともと無理な体制だった。一二世紀末から早くも聖俗分裂が始まる。軍事優先で信仰は後回しになり単なる僧衣をまとった戦士に堕落してしまう。その中で聖ヨハネ騎士団はロードス騎士団、マルタ騎士団と名を変え、一九世紀初頭まで生き延びる。

フランスの艦隊の来琉は一八四四年、一九世紀半ば。少しずれがあるが、まだマルタ騎士団は生き残っていたのだろう。

そもそも聖ヨハネ騎士団の誕生は、「少数の挺身的修道士が祈りと勤行の上に貧しい病人の看護をも使命として加え、その天職を全うする手段として自衛的武力をそなえた超人的な活動集団を形成した」ことにある。

アマルフィの商人たち

「信憑性の高い史料」（ティルスの大司教ギヨームが一一七〇年から八二年の間に記述した年代記）の中に、アマルフィが出てくる。

「一一世紀の中ごろ南イタリアのアマルフィ（ナポリの少し南方）からエルサレムに巡礼に来た商人たちが、聖地滞在中の宿泊所として市内の聖墓教会に隣接するキリスト教徒居住区に、若干の土地を獲得して修道院を建立したことに始まるという」

まずは「アマルフィの商人たち」がエルサレムに「土地を獲得」したことに注目しよう。

このころキリスト教徒の巡礼が激増し、その接待や病人の救護で修道院は多忙を極めた（これは二一世紀現在のスペインのサンチャゴ巡礼路に似ている。フランスとの国境ピレネー山脈から八〇〇km、約四〇日の道程だが、ちょうど一日歩くごとに宿泊所や修道院があらわれる。昔は巡礼の人々を守るためにサンチャゴ騎士団が結成されていた）。

聖ヨハネ騎士団は十字軍に呼応して大活躍し、その後種々の恩恵を施されている。

「初代総長ジェラールは一一二〇年の歿年までに聖地と西欧で贈与の洪水を浴び続けた。寄進された領地・城・教会・徴税権などは西は大西洋岸から東はビザンツ国境のハンガリーにわたって散在し、オリエントでは北シリアからエルサレム南方まで及んだ」

途方もない組織に成長したものだ。今で言えば多国籍企業が軍事力を持ち、病院経営も行い、魂の管理まで独占しているようなものか。

この修道会は「上は王侯貴人から貧しい農奴に至るまで」献身的に看護した。その救護活動は名声を博した。「救護会」（ホスピターラー）と呼ばれるゆえんだ。」

聖ヨハネ騎士団は海軍まで持っていた。

「役員中に『アドミラル』（海軍司令官）をおいてその統帥にあたらせ、純粋に十字軍海軍作戦を遂行しようとした」

一八四四年に来琉したフランス艦隊のセシール提督についてフォルカード神父が次のように絶賛したことを思いだす。

「中国から戻ると、ローマ教皇ピウス九世から伯爵の称号と錨で十字架を守ったことを象徴する形の紋章を贈られた。その後、下院議員、ロンドン大使、帝国元老院議員をつとめた。彼は最もキリスト教徒にふさわしい気高く長い生涯を全うした。神は彼が布教に果たした数多くの重要な役割に報いたのである」（『幕末日仏交流記　フォルカード神父の琉球日記』中公文庫、注より）

聖ヨハネ騎士団（のちのマルタ騎士団）が海軍まで持ち、アドミラル（海軍司令官）を置いた十字軍の伝統がまだ生きていたのだろう。

世界遺産の「騎士の城」

聖ヨハネ騎士団はテンプル騎士団より軍事色がうすく「聖ヨハネ女子修道会が付設され、病院活動の一翼をその会員である修道女がになっていた」。こうした性格が聖ヨハネ騎士団の長続きした一因だろう。

騎士団は莫大な富に恵まれ、聖地防衛のための城まで持っていた。一番有名なのはシリア・アラブ共和国のクラック・デ・シュバリエ。文字通り「騎士の城」である。「クラック・デ・シュバリエとカラット・サラーフ・アッディーン（サラディンの要塞）」の名で世界遺産に登録されている（二〇〇六年に登録、二〇一三年より危機遺産として登録）。前者は一一四二年から一二七一年にかけて聖ヨハネ騎士団が本拠とした城砦だ。後者は一一八八年にサラディンが陥落させた。

もう二か所、聖ヨハネ騎士団が築いた世界遺産を紹介しよう。

ギリシャ共和国の「ロドス島の中世都市」。エーゲ海の海上交通の要衝に位置するロドス島は、古代ギリシャ、ローマ、聖ヨハネ騎士団、オスマン帝国など各時代の強国や軍隊の支配下におかれた歴史をもつ。世界遺産に登録されたのは、聖ヨハネ騎士団がイスラム勢力に対抗するために築いた全長四㎞に及ぶ城壁に守られた要塞都市。騎士団は母国語によって七つの軍団に分かれていた。

マルタ共和国の「バレッタの市街」。マルタ共和国の首都バレッタは聖ヨハネ騎士団がオスマン帝国の襲撃に備えて建設した城塞都市である。一七九八年聖ヨハネ騎士団はナポレオンの侵攻によりバレッタを追われた。

世界遺産で聖ヨハネ騎士団の足跡を追ってみたが、彼らの運命は敗走（と時々勝利）を繰り返し、落ち着く場所がなかった。

領土なき「国家」

聖ヨハネ騎士団の拠点は最初はエルサレム。その後、キプロス島、ロドス島、マルタ島へ移り、なお安住の地を見つけることが出来ない。エルサレムでは巡礼の手伝い、医療活動。ではその後は何をしていたのだろうか。なぜ転々と移動しているのか。

まずはイスラムの大攻勢で一二一九年、「海に掃き落と」され、辛うじてシリア海岸一〇〇km沖あいのキプロス島に這い上がるようにして避難場所を求めた。

その後一三〇七年から二年の間に「小アジア西南端に近い海上のロードス島をビザンツ帝国より奪って、騎士団の本拠」とする。この時からロードス騎士団と呼ばれるようになる。彼らは、この島から、二〇〇年にわたってトルコ人の海賊や正規軍に睨みをきかせた。

一五二二年、「オスマントルコ帝国スレイマンの艦隊による五ヵ月余の包囲を受けて降伏」、本拠を明け渡す（約五〇年後、「一五七一年にようやく教皇と西欧諸国ならびに聖ヨハネ騎士団の連合艦隊がレパント沖でトルコ海軍を破り、復讐をとげたが、もはや十字軍の時代は去っていた」）。

この後、一五三〇年にドイツ皇帝カール五世からマルタ島を与えられ、地中海の海上警備にあたる。この頃からマルタ騎士団と呼び名が変わる。

約二七〇年後の一七九八年、ナポレオン一世に降伏。『十字軍騎士団』の著者橋口倫介は次のように結んでいる。

「人も知るごとく、聖ヨハネ騎士団の後身は今日マルタ騎士団の名で、教皇の勲爵《くんしゃく》として一五カ国の会員を擁し、八尾の白十字架の徽章もそのままの黒マントを着用して儀礼的集団を形成している。（略）『貧しき病者』の力強い激励者としての聖ヨハネ病院騎士の精神と任務もまた現代社会に生き続けていることを看過し得ない」

ここにも八尾十字架が出てくる。聖ヨハネ騎士団は生き続けている。領土こそ無いが立派な「国家」として通用しているのだ。

吉田一郎『国マニア』（ちくま文庫）によれば、現在マルタ騎士団は一〇四の国家と外交関係を結び、大使館を置いたりパスポートの使用が認められている。人口は約一万二五〇〇人、本部はイタリア・ローマの本部ビル。領土はなし。国連総会にも「医療活動を行うＮＧＯ」として認められオブザーバー参加している。正式名称は「エルサレム、ロードス及びマルタの聖ヨハネ病院独立騎士修道会」。流転の歴史そのままの「国名」だ。

なぜ沖縄の名護市の離島・屋我地島に残された墓にマルタ騎士団の八尾十字架が残されているのか。フランス艦隊に騎士団の団員がいたのか、それとも艦隊そのものが騎士団から派遣されたのか、それとも……謎はまだ解けていない。

これまで重要な点にふれないできた。マルタ騎士団といえば海賊、というのが世界史の常識だろう。次項はそこに焦点をあてる。

裕福な海賊たち

マルタ騎士団は海賊として活躍していた。地中海を荒らしまわった彼らについての本も研究論文も山ほどあるに違いない。

前項で、彼らの前身・聖ヨハネ騎士団が造った城塞のうち世界遺産に登録されたものを三カ所挙げた。このほかにギリシャ共和国の「聖山アトス」もそうだ、とする文も見たことがある。ギリシャ正教の本山で、女性の入山禁止でも有名だ。

007シリーズで断崖絶壁の上に立つ修道院で闘うシーンがあった。いやあれは同じギリシャ正教の修道士たちが聖山アトスから移り住んだ「メテオラの修道院」だ。

いずれにしても二つともマルタ騎士団とは敵同士ではないか？　どうも良く分からない。

『海賊と商人の地中海』（NTT出版）という本を手に取ってみた。サブタイトルが「マルタ騎士団とギリシア商人の近世海洋史」。帯には「永久戦争と海賊ビジネスはいかにして両立したのか　東地中海交易の覇者ギリシア商人は、正教徒だがオスマン帝国臣民との理由でマルタ騎士団によるイスラーム教への聖戦の標的となる。宗教的大義と私掠経済を両立させた論理が地中海に根ざす規範と慣習に基づくことを明らかにした労作」

なるほど。一六世紀ころからの話ではあるが、後世のスクリーンの一部には次のような情景が映しだされるのではないか。

「EUのお荷物・ギリシア、EUに入りたいが入れないトルコ、加えてカトリック勢力との紛争・対決の構図」

この本の第一章に早くも問題（フランス艦隊とマルタ騎士団の関係）の解答らしき文章が出て

きた。オスマン帝国のスルタン、メフメト四世と、名高い修道会騎士、テメリクールとの間で一六七一年に交わされた会話。メフメトはテメリクールに、たった一隻の船で五隻のトリポリの大型船を襲撃したのは本当に彼なのかと問いただす。

騎士は答えた。「私であります」

スルタンは言った。「汝はどこの国の者だ」

テメリクールは答えた。「フランス人です」

スルタンは言った。「では汝は逃亡者なのだな。朕はフランス王と厳格な和約を結んでおるのだから」

テメリクールは答えた。「私はフランス人でありますが、同時にマルタ騎士でもあります。ゆえに、私には自らの命をキリスト教の敵との戦いのために捧げる責務があるのです」

地中海の南はイスラム教徒、北はキリスト教徒の住民が大多数を占める。そして政治的対立はいまなお続いている。スルタンとテメリクールとの会話について著者モーリー・グリーンは次のように述べている。

「(この)会話は、言い換えればスルタンと私掠者との間のやりとりだった」

そして歴史家たちが「これまで完全に見落としてきたこと」を挙げる。

「マルタ騎士団をはじめとする私掠船の主要な標的だった正教徒ギリシア商人が私掠行為にどのように対処したかという問題、そしてそれを観察することで中近東とカトリック圏ヨーロッパをつなぐ外交ネットワークがいかに再生していったかを考察できる事実である」

これは一六世紀の話であり、我々が見ている一九世紀にも通じるかどうかは不明。屋我地島に埋葬された二人の水夫がマルタ騎士だった、と推測はついた。もう一人の那覇に埋葬された（はずの）船員の墓にもマルタ騎士団の八尾十字架が付いていれば可能性がさらに高まるが、墓そのものが見つからない。

ロードス島攻防記

マルタ騎士団について手軽に読めるのは『ロードス島攻防記』（塩野七生著、新潮文庫）だ。裏表紙の宣伝文で概要が分かる。

「イスラム世界に対してキリスト教世界の最前線に位置するロードス島。コンスタンティノープルを陥落させ、巨大な帝国を形成しつつ西進を目指すオスマン・トルコにとっては、この島は喉元のトゲのような存在だった。一五二二年、大帝スレイマン一世はついに自ら陣頭指揮を取ってロードス島攻略戦を開始した──。島を守る聖ヨハネ騎士団との五ヵ月にわたる壮烈な攻防を描く歴史絵巻第二弾」（ちなみに第一弾は「コンスタンティノープルの陥落」、第三弾は「レパントの海戦」）

『ロードス島攻防記』で聖ヨハネ騎士団の歴史をおさらいしてみよう。

最初にイェルサレムにアマルフィの富裕な商人マウロが「病院も兼ねた宿舎所を建てた」。だから紋章はアマルフィの八つの尖角を持つ変形十字架が現在でも使われている。八つとはプロヴァンス、オーベルニュ、フランス、イタリア、アラゴン、イングランド、ドイツ、カステイーユ&ポルトガルを指す。その後、この「組織の主権は、アマルフィを主とするイタリア人の手から離れ、プロヴァンス地方（フランス南部）出身者を主体にしたフランス人の手に帰したようである」。

一一三〇年、法王インノチェンツォ二世は、聖ヨハネ騎士団に軍旗をも与えた。赤字に白の十字架を縫い取りしたもので、騎士団では、それまでの黒字に白の変形十字の紋章を、非軍事用にし、法王のくだされたものを、軍事用に決めたのである。

これで一つ謎が解けた。沖縄県名護市の屋我地島の墓石に記された謎の十字架は、非軍事用のものだった。ちなみに赤字に白の軍事用の旗は、イタリア海軍旗の中の四つの紋章のうちジェノバのものと同じ。「赤十字」ではなく赤が地の、細い「白十字」である。

聖ヨハネ騎士団はパレスティナ（イェルサレム）を追われ、キプロス島へ。さらにそこからロードス島へ根拠地を移す。この時期はロードス騎士団と呼ばれる（さらにマルタ島へ移ってマルタ騎士団と呼ばれるようになる）。

地中海の要衝ロードス島に陣取った騎士団は、トルコにとっては目の上のたんこぶ。「キリストの蛇どもの巣」として狙われ、やがて殲滅作戦の開始は必至だった。ロードス島の騎士団は六〇〇人足らず、傭兵一五〇〇人余り、島民で参戦可能な者三〇〇〇。これに対しトルコ軍は約一〇万。圧倒的に不利な状況だ。援軍は来るのか？

『ロードス島攻防記』作中の若き騎士オルシーニは次のように語る。

「聖ヨハネ騎士団は法王の認可を受けた正式の宗教団体だから、われわれは、ローマ法王の直接の管轄下にある。援軍の派遣を要請するのも、まずはローマ法王の許に騎士団からの使節が行き、それを受けた法王が諸王侯に親書を送って参加を説き、王侯たちが各自提供した兵が法王の旗の下に集まって、このロードスに送られてくるというのが本筋だ。異教徒撃破を目的とする十字軍は、常にこのような手続きで編成されてきたのだからね」

ところでこの時期、法王レオーネ十世が急死し、次の法王は不在の空白状態であり、それに誰が法王になってもまずはプロテスタントのルター一派への対策が先だった。ロードス騎士団に対する援軍の派遣は望めない。

トルコ兵が上陸し、攻防が始まった。防衛側の様子を塩野七生は次のように描く。

城壁上に立つ六〇〇人の騎士たち

「朝日を受けて銀色に輝く甲冑《かっちゅう》姿の騎士たち六〇〇人が、城壁上にずらりと並んで迎える。生家の財力を示して華麗を競う甲冑は、それぞれ少しずつ形は違うが、胸甲を飾る赤字に白の十字と甲冑の肩からおおう、これも白十字の目立つ赤字の大マントは、全員が同じだ。大槍の先が、陽を受けて光り、各隊ごとに、色とりどりの隊旗がなびく」

砲煙漂う中で、城壁に立ち尽くす六〇〇人の騎士たち。全員が赤字に白の十字架のマントをひらめかせている。銀色の甲冑と大槍の刃先が朝日に輝き、隊ごとの旗が海風を受けて揺れる。攻める一〇万のトルコ兵もこの光景には度肝を抜かれたに違いない。

五ヵ月が過ぎ、物量・人員の差がさすがに勝敗を分ける。トルコ側から次のような条件が示される。八項目あるが、残りは省略する。
①騎士団は、もって出たいと思うものすべてを、聖遺物も軍旗も聖像もすべて島外に持ち出る権利を有する。
②騎士たちは、自らの武具と所持品とともども、島外に退去する権利を有する。
この二項目を見ると、武装解除をせず名誉の撤退が約束されている。だが次の行き先が騎士団に約束されている訳ではない。「難民」として島外に追われるのだ。

住民五〇〇〇人が騎士団と共にロードス島を後にした。騎士団はクレタ島、シチリアのメッシーナ、ジェノヴァ、ニース、ヴィテルボ（ローマ近郊）とさまよい続ける。そして最後にマルタ島へ移動する。一五三〇年、カルロス五世からマルタを譲り受ける。年貢は年に一羽の鷹！

ダシール・ハメット作「マルタの鷹」の冒頭に、宝石に彩られた金の鷹像が登場する。この財宝が一年間の賃借料だったのだろうか。本当の鷹を一羽貰っても家主も困るだろう。

マルタ島も安住の地ではなかった。一七九八年六月、エジプト遠征途中のナポレオンによって攻められ、戦いも交えずに降伏する。塩野七生によればナポレオンはこう語った。

「マルタ島は、二四時間の砲撃にさえ耐えられなかったであろう。城壁ならば、疑いなく耐え抜いたにちがいない。しかし、守る騎士たちのほうに、精神力が欠けていた」

かつて騎士たちは、砲煙たなびく城壁の上に凛々しく並び立った。それは二五〇年も前の話。

ナポレオンのフランス艦隊を前にして、対峙する騎士たちの姿はなかった。

マルタ島を追われた聖ヨハネ騎士団（マルタ騎士団）は、しばらくモスクワ（！）にとどまる。本部をシチリアのカターニャにのこしていたが、一八二六年には北イタリアのフェラーラに移転。そして一八三四年にはローマの中心部コンドッティ通りに本部を移す。一八七二年にはマルタ騎士団教会を設立。

マルタ騎士団は消えたわけではない。いまでも領土無き国家として認められている。パスポートを発行し、独自の切手や自動車のナンバーもある。現在の団員はウィキペディアによれば一万五〇〇〇人。昔のように清貧、服従、貞潔の義務はない。今も医療活動を続け、国連にも医療ＮＧＯとしてオブザーバー参加している。

沖縄セントラル病院のロゴマーク

余談だが、私が住む那覇市のマンションから車でわずか五分の所に、八尾十字架のついた病院を見つけた。沖縄セントラル病院という。一九八四年に設立された国際医療ボランティア団体ＡＭＤＡ（アムダ）の沖縄支部でもある。一九九五年に国連から非営利法人ＮＧＯの資格認定を受けたそうだから、聖ヨハネ騎士団の流れを汲んでいるといって良いだろう。

塩野七生は『ロードス島攻防記』を次のように締めくくっている。

「これら現代の騎士たちには、もはや『青い血』は要求されない。『青い血』は、異教徒相手の戦士が消え去ると共に、自然に意味を失っていたのだろう。聖ヨハネ騎士団は、九〇〇年すぎて、アマルフィの商人がイェルサレムに創設した当時の、使命に戻ったのである」

名護市の屋我地島に葬られた二人は、水夫と武器係だった。琉球への派遣時期はマルタ騎士団がローマに本部を定めた一〇年後だ。彼ら二人はフランス艦隊に乗務していたフランス人、同時にマルタ騎士であった、と推測できる。

後日、フランスの高名な琉球研究者と話している時、下級の水兵ではマルタ騎士にはなれない、と指摘された。その通りだと思うが、ではなぜマルタ騎士団のマークが墓に彫られているかという疑問は解けないままだ。

第5章　長期滞在が引き起こしたベッテルハイム問題

はた迷惑な眼鏡先生

一八四六年、アヘン戦争が終わって間もない頃、一人の英国人が琉球にやってきた。バーナード・ジャン・ベッテルハイム（一八一一年生まれ）、三五歳。

ユダヤ系ハンガリー人として生まれ、イギリス人女性と結婚したのを機に英国籍を取得。語学の天才、医師、宣教師。一八五四年七月まで（ペリー艦隊と共に去るまで）長崎の出島を除いては日本（と琉球）長期滞在のたった一人の外国人であった。新約聖書の琉球語訳を初めて作成した。なんみん（波の上―那覇市にある）のがんちょう（眼鏡）先生として畏れられていた。

「閉めきっている戸口をこじ開けて家へづかづかあがりこんだり、お葬式に集まっていると偶像崇拝をただちにやめるよう説得しはじめたり、琉球語の指導に来た役人たちに聖書翻訳の手伝いをさせたり、不満があるたびに中国語で書いた書簡を王府へ送りつけたり、来琉する西洋人たちと接触し、琉球についてありとあらゆる情報を流したりと、琉球王府にとっては、なんとも頭の痛い存在だったに違いない」（『クリフォード訪琉日記』解説より）

ベッテルハイムの邸宅
（『ペリー提督日本遠征記』）

三〇年前に訪れたバジル・ホール、親友のクリフォードのことは既に紹介した。

クリフォードは琉球をイギリス領として中国から割譲してもらったらどうか、と考えていた。となると「香港」と並ぶ自由貿易港「琉球」が実現することになる。極東に二つ自由貿易港が誕生すればかなり面白いことになっていただろう。いやその前に琉球国内で薩摩と英国、そして中国との三つ巴の争いが起きる。それにアメリカも悪乗りし、沖縄戦のように島民が犠牲になっただろう。もちろん沖縄戦よりは圧倒的に犠牲者が少なかっただろうが。そして琉球割譲という事態になっていたら、薩摩は琉球側を巻き込み正規戦を展開、さらに中国の秘密結社にならって対英ゲリラ戦をしかけていただろう。一〇〇年後の日米戦争の様相もよほど変わり、琉球国内に英米軍基地（実は米軍が主力）がさっさと造られ、日本への爆撃機が連日飛び立つ。そして琉球国内の日本人はみなスパイ扱いされていたことだろう。さてこの時、大多数の沖縄人は？

米軍の嘉手納基地から日本本土に対する核攻撃がいつでも可能（とは誰も言わないが「日米安保は瓶の蓋」という譬えはそんな話ではないか）という現状を思い出させる。

ここまでかなりの脱線。

現実には、英国と薩摩の戦いは日本本土の薩摩が舞台となった。そこで英国に大敗した薩摩藩が彼我の実力差を思い知らされかつての敵と仲よくなる。フランスは下関戦争で砲撃されたキンシャン号の賠償を要求し、幕府はパリに使節を派遣する（一八六四年）。これを転機として「のち幕府とフランスとの間には、特殊な親善関係が生まれてくるのであった」（小西四郎『開国と攘夷』日本の歴史19、中公文庫）。

英国人と琉球の「友好的な交流」の裏には、大英帝国の植民地政策が隠されていた。ベッテルハイムに代わってクリフォードが琉球に派遣された、と想像してみよう。クリフォードのことだから「平和で素朴な琉球人たち」のパラダイスを、いかに守るかに心を配ったに違いない。

彼はベッテルハイムに対して「鳩の如き優しさと蛇の英知をもって（布教せよ）」と助言している。しかしベッテルハイムの性格からして「鳩の如き優しさ」を望むべくもなかった。一方、クリフォードがもし再び来琉して布教していたとしても、全力をあげて琉球と立ち向かい、くたびれ果て、断念し、かえって琉球に対する恨みを抱いて帰国したかもしれない。

三〇年前、一八一六年のバジル・ホールとクリフォードの琉球人との付き合いは紳士的に終始した。だが、わずか四〇日の滞在では美しい思い出しか残らない。ベッテルハイムのように八年以上にわたる滞在ともなると、この南海の小国の何もかもが、もう我慢ならん、と憤懣を爆発させてしまう。自らの性格に起因するところが多いのだが。

「ベッテルハイムは、キリスト教の国々が立ち上がって、琉球や日本の民衆を独裁者たちから

武力解放すべきであると、最後まで本気で信じていた」(クリフォード前掲書)

なるほど。となると中南米の「解放の神学」ではないが、貧困層を救うために、革命を唱え実践した闘士のパイオニアということになる。もし本当にそうなら、彼には、新しい光を当てなければいけないのかもしれない(もちろん皮肉で言っている)。

ペリー提督の来琉のところで詳しく見てゆくが、バジル・ホールが描いた夢のような琉球の印象を、ベッテルハイムは完全に否定している。

一八五二年、「英国臣民ベッテルハイム医師と彼の家族を保護すべく救援の手を差しのべるために、軍艦スフィンクス号が琉球に派遣された。これはペリー来琉一年前のことだ。

以下に紹介するのはその前一八五〇年に、英国軍艦レイナード号で来琉したジョージ・スミスの『琉球と琉球の人々　琉球王国訪問記』(以下『訪問記』)である(山口栄鉄・新川右好訳、沖縄タイムス社)。

ベッテルハイムの処遇をめぐり琉球王府と英国政府の間は軋轢を生じていた。レイナード号は、英国政府の指示により、上海への視察旅行の道中、琉球へ寄り事情調査をする。

「鎖国日本、暗黒の帝国へと攻め上る」

一八五〇年一〇月(ペリー来琉の三年前)、ジョージ・スミス(一八一五～一八七一年)は琉球を訪問した。当時三五歳。英国国教会香港管区主教であった。

序章ではまずベッテルハイムの「人格擁護」が展開されている。

「私は英国国教会を代表し、この暗黒の極東の地において布教を任された先駆者として、琉球における伝道活動の実情やその将来性について、英国の同胞のみなさんに伝えることが私の任務であり（略）」と「暗黒の極東の地」における布教の困難さをまず示唆している。そして「ユダヤ教徒からの改宗者である」ベッテルハイムが「押し寄せる試練に果敢に挑戦し、迫り来る難題に次から次へと手を打って行った」と褒め称える。彼の野心は「琉球において宣教に成功すればその暁には鎖国日本、暗黒の帝国へと攻め上る」ことにあった。

われらのベッテルハイムは野心を燃やし、云うこと為すこと風変りなのだ。

「いまもし彼が柔和な性質で血気にはやることもなく、我慢強さにおいて劣る人間であるとしよう。そう云う人間が琉球という地において開拓伝道の苦行に携わるならば、おそらくは夭逝《ようせい》の運命をたどるか、荷のあまりの重さに耐え兼ねて早早と店を畳んでしまうかのいずれかに帰することであろう。従ってその人間的とも云える彼の性癖を皆さんにはぜひ念頭において欲しいのである」

三本マストの蒸気船、英国軍艦レイナード号が琉球を訪れたのは一八五〇年の九月のことだった。

「那覇の街は大琉球島の南西の端にあった。海に切り立つような岬の上に小さい寺院らしい建物が見える。するといきなり英国国旗（ユニオンジャック）が目に飛び込んで来た。細い旗竿から旗が裏返しになって垂れ下がっている。やがてそこに私たちの帆船から一哩ばかり離れているだろうか、西洋人らしい婦人が一人と子どもたちの、ハンカチを振っている姿が見えた。

すると男性らしい人物も一人加わった。ベッテルハイム医師とその家族に間違いなかった。私たちの船に見えているだろうかという不安が、ハンカチをうち振る、その様子に表れていた。ついに私たちの軍艦からの号砲一発とぼおーんという汽笛、投錨する喧噪（さわがしさ）により私たちに見えたことが家族の人々に確信されたようであった」

ジョージ・スミスがベッテルハイムと共に街へ出かけると、次のような事件が起きる。スミスの人生でもっとも忘れがたい出来事であった。

「私たちが広場に入って行くと、それまで品物の売買に没頭していた人々が一斉に逃げ出し、私たちの目の前に残ったのは長椅子やら品物陳列台だけだった。品物はそのままにして人々は四方へ散ってしまったのである。私たちは今度は広場の反対の方へ移動した。するとそこにいた人々もまるで蜘蛛の子を散らすように遠ざかってしまった」

ベッテルハイムによれば、最初の二年間はこのような騒動は起きなかった。ところが今では琉球王府の指示、密偵らの仕業ですっかり琉球人の態度は変わってしまった。

拝み倒す琉球の役人たち

上陸の翌日、王府の次席の地位にある「布政太夫」が予定の会談に応じるため待機している、と英国側に知らせがあった。出て来た人物に英国側は拍子抜けする。貧相な顔に頭も悪そうな老人（a poor imbecile-looking old man）であった（この老人は替え玉だったようだ）。

琉球王府の官僚たちは「病気のため総理官は会談に出席しない」と弁明する。

クラクロフト艦長「それでは病状回復まで琉球にて待機したい、またわが海軍医官に無料にて診療をさせましょう」

琉球側「わが総理の病は極めて特異なもの。それ故、西洋の薬物は、総理の心身不調に効き目はございません。」

琉球側は、偽物を出したり、総理官を病気にしてしまったり、見え透いた嘘をつき通し、絶対に交渉には応じない姿勢を貫く。

クラクロフト艦長「ベッテルハイムに対して集団的嫌がらせや虐待は許されない」

琉球側「彼が琉球から不当な仕打ちを受けたと言い張るのであれば、それは真っ赤な嘘、彼は嘘つきである」

しかし艦長は決して琉球王府の訴えに耳を貸そうとしない。すると王府の役人たちは次のような行動をとる。

「われわれ西洋人には不愉快極まる、あの妙策に打ってでた。『布政太夫』と那覇里主のふたりが役人全員を従えて席を離れたかと思うと、藪から棒に私たちの前で、跪《ひざまず》き、叩頭を始めたのだ。つまり、額を床にすりつけては私たちを何度も拝んだのである」

ジョージ・スミスは上陸以来ベッテルハイムと護国寺で起居を共にしていた。琉球王府はスミスもそのまま半永久的に滞在するのではないか、と懸念する。「布政太夫」（注、琉球王国副長官　馬良才―こちらは本物）は艦長あてに次のような要請文を出す。

「わが琉球は、海隅にあり、土地は痩せ、人民は貧窮の極みであります。ベッテルハイムの滞琉が始まって以来、王府役人は元より琉球の人々は、宣教師一家の用いる糧食ほか生活必需品補給のため、まさに本業そっちのけであります。（略）もしもベッテルハイム医師の速やかなる帰国がならない場合、わが琉球国の苦悩は深まるのみ、王国の行く末、危殆に瀕するばかりに御座います」

以下、『訪問記』では七頁にわたって琉球の国難を述べる。王国の名にも値しない小国である、度佳良島（注、おそらく現在の鹿児島県トカラ列島）より台風や飢饉の際に量米を借用している、貨幣も存在しない、異国船の入港の際の糧食の補給も儘《まま》ならない。そして人々は儒教の教えを専ら守ってきたが、「琉球の人々は天賦の才に与らず」（才能がないため）その教えの高いところに到達していない、とへりくだる。だから……

「もし今琉球においてこの儒教の教えに加えて基督教の教えを学ぶことになりましたら、その企ては、われらの能力を越え、又わが民の人心も到底就いて行けるものではないと存じます」

「琉球は独立国ではない」

ベッテルハイムは五つの理由をあげて、琉球が日本の一部である、と主張する。

①那覇に日本の守備隊が駐屯している。

②貿易の相手国は日本だけである。

③日本人は那覇に定住している。中国人は英米人と同じように尾行され、石を投げられる。

④当局との公式会見をしたことがない。薩摩からの出仕役人が会見を取り仕切る。

⑤「一体誰がこの島へ来て、こんなに近いところに、日本と云う大帝国があり、その大帝国に極めて類似した言語、習俗、国法、道徳、はたまた悪徳までをも発見して、なお且つこの国は日本帝国には属しないなどと云える者がいるか知りたいものである。」

「こうしてこの仰々しい琉球王国と云う名を中国帝国に認知させたい一心で中華王朝の天帝に硫黄、銅、地元醸造焼酎の酒瓶数個を二年に一度、朝貢したのである」（ベッテルハイム書簡より）

ベッテルハイムから何と言われようと、琉球王府は中国にすがるしかなかった。その一例がレイナード号来琉の数ヵ月前に起きた事件だ。

「おそらく琉球は、日本人顧問を動かし、中華帝国総督徐に訴えて、香港駐在英国全権大使に英国臣民ベッテルハイム氏の長期滞琉に対する琉球からの抗議文を提出してくれるよう頼んだのであろう。琉球は南京条約を盾に主張した。南京条約によれば英国領事の駐在する五港を除いて中国皇帝の領土における英国人の居住は認めていないと琉球は言い張ったのである。琉球が中国皇帝の封土であると云う、この認識はまさしく中国王朝政府への阿諛追従《あゆついしょう》以外の何ものでもなかった」

レイナード号が琉球を離れる前に、ベッテルハイムが四〇〇名を前に説教する機会があった。首里城へ向かう城門通りの描写を引く。

「人々の顔が松明の明かりに照らし出されていた。無数の顔、それが長い列を成している。人の波が道沿いにあふれて、われわれの通り過ぎるのを見守っていた。辺りには蛍が空中に飛び交い、周囲の至るところ蛍火の乱舞である。そこら中が輝いていた」

ベッテルハイムの伝道活動の中でも最高に輝いた場面だった。

レイナード号の琉球滞在はわずか一週間であった。が、効果はあったようだ。「英国海軍琉球伝道会」の年報には「ベッテルハイムの女王陛下の軍艦レイナード号が来琉して以来、自分への待遇は随分と良くなったこと。また天然痘流行の時には自らの医療活動が大成功を収めたと報告した」と記されている。

ペリー来航まであと三年、水平線上には既に暗雲が漂っている。

第6章　石垣島唐人墓事件

犠牲になった多数の唐人

一八五二年、石垣島に異国の船が姿を現し、大勢の唐人が上陸してきた。ペリー来琉の一年前のこと。三八〇人が上陸した。その後英米船がやってきて砲撃を加え、島内を捜索して射撃を繰り返した。死者は自殺、病没をふくめ一二八人。逮捕された一七二人は福建省に護送された。石垣島を襲った国際的大事件だが、ほとんど知られていない。アメリカ、イギリス、中国、日本を巻き込んだこの事件を紹介する。

石垣島の繁華街登野城《とのしろ》、七三〇交差点と呼ばれる中心部から車で約一五分の所に唐人墓がある。海岸沿いの道を車で向かう。左手の海側には新しいホテルが次々に建てられている。やがて右側に観音堂が見えた。石段が続き、石灯篭が両脇に並び上方の森の中に左に曲がりながら消えている。数分後に唐人墓のある低い丘に着いた。右手にいくつかの碑が建っている。一番大きなのが唐人墓だ。中国や台湾で見る派手な飾りつけの門のような碑。両方に龍の頭が突きだし、真ん中の上部の装飾も空へ向かっている。燃え上がる炎のような記念碑だ。

石垣島唐人墓

「この唐人墓には中国福建省出身者一二八人の霊がまつられている。中国人労働者（苦力）は、一六世紀以降世界各地に多数送り出されていた。一八五二年二月厦門《アモイ》で集められた四百余人の苦力《クーリー》たちは米国商船ロバート・バウン号でカリフォルニアに送られる途次、辮髪を切られた病人を海中に投棄されるなどの暴行に耐えかねて遂に蜂起、船長等七人を打殺した。船は台湾へ向かう途中たまたま石垣島崎枝沖に座礁三八〇人が下船した。八重山の政庁蔵元は富崎原に仮小屋を建てて彼らを収容した。しかし米英の兵船が三回にわたり来島、砲撃を加え、武装兵らを上陸させてきびしく捜索を行った。中国人等は山中に逃亡したが銃撃、逮捕され、あるいは自殺者が出るなどの惨憺たる状況となった。琉球王府と蔵元は人道的に対応、中国側の被害を少なくするよう極力配慮し、島民も深く同情、密かに食糧などを運び供した。しかし疫病に寄る病死者を続出した。死者は一人びとり石積みの墓を建立して丁重に葬られた。翌一八五三年九月琉球の護送船二隻で生存者一七二人を福州に送還して終結した。中国ではこの事件が契機となって大規模な苦力貿易反対ののろしが打ち上げられた」

どんな事件だったのか

この碑文に関して異論を唱えている人がいる。『石垣島唐人墓の研究―翻弄された琉球の人々』（郁朋社）の著者、田島信洋氏だ。二〇〇〇年には『石垣島唐人墓事件』（同時代社）を刊行している。以前読んだことがあるが、英文の資料などを引用した説得力のある本だった。

さて田島氏の異論を順に紹介しよう。

①福建省厦門で「集められ」、「送られた」というが果たしてどうか？

「多年雨が降らず人民が飢餓に及んでいた」からではなかったか、「父母養育の恩に報いるため」「財利を求めるため」ではなかったか。―と問いかける。

福建省は広東省と共に華僑の故郷である。特に福建省と琉球とは一四世紀にさかのぼる交流の歴史がある。福建省からの密出国は昔から有名だ。そもそも国境という観念がないから密出国ではなく、よそへ出稼ぎに出る感覚だ。福建省でめしが食えなければ中国の中だろうが外国だろうが出かけて行く。

父母を大事に、は人間として褒められるべきこと。人間至るところ青山あり、と外へ出て行くのは当然。こうした冒険心あふれる、というかリスクをかけて海外へ飛び出さなければやってゆけない土地なのだ。「集められた」「送られた」という表現からは、米西海岸の金山に夢を求める人たちの気持ちが伝わらない。金山とは中国語でサンフランシスコのこと。

ジョン万次郎にしても、周りの米国人から反対されながらサンフランシスコに金掘りに行き、そこで日本へ帰る資金を稼ぐことが出来たのだ。

一八四八年にサンフランシスコ湾に注ぐサクラメント河の支流アメリカン川で金が発見された。翌年、四九年には一攫千金を夢見た男たちがどっと押し寄せる。四八年に四五九人だった人口が八月には約六〇〇〇人、一一月には約一万人、その後三年間でカリフォルニアを目指してやってきた人々は推定二〇万人に達したという。

②「たまたま」船は「座礁」したのだという。唐人はそこが琉球だと確認のうえ上陸したのではなかったか。

琉球国側の取調べに対し、唐人は次のように答えている。

「異国船に何百人が乗り、何のために、どこに渡る途中、この地に来たのか。

――最初に四一〇人乗り、全員福建省の者で、生計のため英国（注、アメリカ）に渡る途中、当島の近くに乗り寄せ、山の形が見え、牛馬が往来しているのが見えたので上陸して尋ねると、琉球だというので全員が上陸したところ、英船が直ぐに出帆した。

同船に乗って英国（注、アメリカ）に渡る途中、船主ならびに水主を打ち殺したというが、実際そのとおりか、どのようなわけで英人を殺害したのか。

――船中での唐人に対する取り扱いが良くなく、そのうえ病気を患っている二人の唐人が海中に投げ棄てられたので、皆が怒り立って英人と格闘になり、英人六人、唐人五人が死亡した。

唐人全員が船中で闘ったのか。

――闘ったのは唐人三、四〇人だった。

滞留している唐人のうち弁髪を切っている者が多いが、弁髪を切っているのはどのようなわけなのか。

——最初に英船に乗る際、英人が呼び寄せて無理に切り捨てられた」

田島氏はこの供述に嘘はない、と推測している。琉球と知っていて上陸したのなら不法上陸となる。だから座礁を装わなければならなかったのである。以下は田島氏の想像であるが、船長は全員を目的地に導くために不潔な唐人たちの弁髪を切らせ、病原菌を断つためにもっとも重態だった二人の唐人を海に投げ棄てさせた。船中に病気が蔓延したら全員が死ぬ。

一方、唐人がこの船長以下六人を殺した行為は許されるのか。のちにアメリカ側は唐人一七人を有罪とした。しかし中国側は一人を有罪としたが（おそらく処刑された）、残る一六人は無罪となり釈放された。
③琉球王府と蔵元は「人道的」に対応し、中国側の被害を少なくするよう極力配慮したという。極力配慮したのは、はたして人道上の理由からだったのか。「唐ご都合向き」ではなかったか。死者が多数にのぼっているとして、風気の悪い富崎から「なあかい」へ木屋を移した理由は「唐ご都合向き」ではなかったか。「唐ご都合向き」、つまり中国へ最大の気兼ねをした結果だ、と著者は推測する。
④島民は「深く同情」したという。それで「密かに食糧などを運び給した」のか。山野に逃走中の唐人の元へ食糧をほんとうに「運んだ」のか。そんな物的・精神的な余裕が島民にあったのか。押し入ってくる唐人に食べ物を「与えた」のは、首里の役人が命じたからではなかったのか。

田島氏は、これも首里の役人から言われ、住民は止む無く従っているだけだ、と指摘している。

⑤さらに、この碑文によると、唐人は「蜂起」したという。「中国ではこの事件が契機となって大規模な苦力貿易反対ののろしが打ち上げられた」。反対ののろしが打ち上げられたのに、なぜ多くの犠牲者を出しながらも、次々と中国人はアメリカを目指したのか。国を脱出しようとしたのか。そもそもそんなことが刻まれている碑文はどのような文献を参考資料として書かれたのか。

中国人民の正義の闘争の初歩的な勝利？

改めてこの事件が紹介された初期の論文を見てみよう。以下、徐恭生著『中国・琉球交流史』（西里喜行・上里賢一共訳、おきなわ文庫）より引用する。

「一八五二年三月三〇日、アメリカのロバート・バウン号（Robert Bowne）船上で福建出身の中国人労働者が暴動を起し、琉球国の人民と政府の支援の下で勝利を獲得した。これは西側植民地主義者による中国人労働者略奪販売に反対する中国人民の闘争史上の重要事件であり、また中国と琉球の友好の歴史の証人でもある」

この出だしを読んだだけで、あこりゃダメ、と感じる。こうした論文を外国で出版するには中国共産党中央が許可しなければならない。これから綴られる文は全て中国共産党の（当時の）公認の史観である。だからウラ読みをせざるを得ない。といって嘘ばかり書いてある訳ではない。中国から見ればそう見える、ということだ。

「中国人労働者の出国の歴史は、中外関係史の重要問題である。というのも、西側資本主義は勃興し発展する過程で、自国の人民を搾取した外、なお植民地国家の広大な人民を残酷に奴隷化し、彼らを強迫して荒野の開墾、鉱山の開発、鉄道の敷設、運河の開削等に駆り立て、更なる資本の蓄積に役立てたが、中国人労働者は奴隷的に酷使される労働力の重要部分を占めたからである」

この部分はほとんど異議なし。実際に西部開拓史で大事な大陸横断鉄道のレールは、中国人の骨の上に敷かれている、と言われるくらいだ。

しかし船長以下六人を殺して（自らも犠牲者八人）船を乗っ取った行為はどうなのか。

「これは中国人民が略奪に反対し、圧迫に反対する正義の闘争の初歩的な勝利であった」

さらに「バウン号上における中国人労働者の蜂起の勝利は、暴虐に抵抗する中国人労働者たちの闘争精神を最大限に鼓舞し、絶えず西側植民地主義者に深刻な打撃を与えた」と著者の徐恭生氏は評価する。

翌一八五三年八月一八日、イギリス船ブリティッシュ・ソブリン号に乗った中国人労働者も暴動を起して船長を殺している。これについても著者は次のように言う。

「これを見ても分かるように、彼らはバウン号における福建出身の中国人労働者と同様に、侵略者とともに海底に沈むとも、家畜のように虐待されるままになることを願わず『中国人民の帝国主義およびその走狗に甘んじて屈服しない頑強な反抗精神を表した』のである（毛沢東

『中国革命と中国共産党』）。

毛沢東を引用してあるところが、ますますアヤシイ。事実を見ないで毛沢東の権威を借りて強引に論を進めている。ところどころ中国共産党中央に忠誠を誓いつつ文章を書かない限り、論文を外国には出せなかったのだろう。

入り乱れる「国益」

石垣唐人墓について碑文に間違いがあるが、直さない・直せない事情を推測する。

この碑文が綴られたのは田島氏などが紹介した英文資料が発掘される前だった。従って中国側の資料しか当時は参考にできなかった。

次にもっとも大事なことは、この墓が在沖縄の華僑だけでなく主に台湾からの寄付によって建立されたことだ。福建省から台湾へは昔から移り住んだ人が多い。そしてすぐ隣の（日本の）石垣島では台湾からの移民が戦前から果樹園などを経営し重要な地位を占めている。石垣在住の人も（日本国籍を取得した）元台湾人も、すべての人が台湾の国民党とも大陸の中国共産党とも事を構えたくない。一六〇〇年以上も前のことでもめごとを起したくないのが本音だろう。逆に言えば、この碑文を正確に修正しようとすれば中国・台湾・沖縄（石垣）ばかりでなく「帝国主義者」であるアメリカ・イギリスとも、そして最近とみに帝国主義的言辞の目立つ日本の現政権とも「歴史認識」で争うことになりかねない。

その構えも覚悟もない、というか問題に気が付かない、あるいは知らんぷりをしているからこそ役所も動かない、だからガイドブックで解説もないのではないか。

田島氏はこうした事件に巻き込まれ大迷惑を蒙った島民の視点に立っている。地味な本だが是非一読して頂きたい。

唐人墓の手前右手に石碑がある。四六年前、米国占領下で書かれたこの碑文こそ石垣島の人の願いであった。

「人間が人間を差別し憎悪と殺戮がくりかえされることのない人類社会の平和を希い
この地に眠る異国の人々の霊に敬虔な祈りを捧げる
一九七一年九月二十八日
琉球政府
行政首席　屋良朝苗」

第7章　琉球を訪れた宣教師

琉球を訪れた宣教師は、最初はカトリック、のちにプロテスタント、そして日本開国とともに彼らは本来の目的地である日本本土へ移ってゆく。これまで紹介した出来事と重複するところもあるが、時代を追って見てみる。今は絶版になっている石川政秀著『沖縄キリスト教史排除と容認の軌跡』（いのちのことば社）を参考にする。

沖縄に根づいた祖先崇拝、自然崇拝

正月や七五三には神社、葬式はお寺（または寺が金儲けにからんだセレモニーホール）、結婚式は教会（または教会が金儲けにからんだ、あるいは日本人の西洋崇拝を利用した結婚関連産業企画によるチャペル風建物）に通う。日本人の大半が、このようにして神道、仏教、キリスト教起源のものに日常的にふれている。

沖縄ではさらに加えて祖先崇拝、自然崇拝が強い。道教の影響がみられる。沖縄を初めて訪れる人は、福建省や台湾とほぼ同じような巨大な亀甲墓の存在に驚く。

沖縄では大きな樹木、岩、湧き水、河、森の中にぽっかりと空いた空間……なんでも拝みの対象になる。突然思い立って早朝から沖縄本島の最北端の御嶽《うたき》（注、聖地）まで三時間車を走らせたり、休みをとって久高島を訪れたり、先祖の墓を急に掃除してみたりする人がいる。珍しいことではない。

旧盆のうんけー、うーくいの三日間は沖縄のたいていの会社はお休みになり、親戚が本家に集まる。もちろん誰か亡くなれば四十九日までは、近い親戚は毎週、遠い親戚は隔週に集まる。ある研究会に参加していた女性の祖母が亡くなった際、七回連続で毎週欠席が続いた。「伝統」が生きていることを実感したことがある。「宗教観」とは直接関係ないが、子供が高校に合格した時も親戚全員が集まってお祝いする。近くの家で、夜遅くまで騒いでいるので何の集まりかと思ったことがある。わざわざ外で会食するのではなく家を訪ねてお祝儀を渡すことに意味があるようだ。

門中（ファミリー）の結束は堅い。とーとーめ（先祖の位牌）を持っている家は、たとえ空き家でも人に貸すことはない。祖父母、父母、私、子供、孫と連鎖してゆく。「私」が亡くなった後は、子や孫が位牌を守る。お墓に詣で、子孫たちが手を合わせてくれる。こうした考えは自らの人生を肯定する力になるのではないか。

沖縄ではオウム真理教のような怪しい「宗教」が浸透しにくい、とも言える。

ユタ買い、という言葉は死語ではない。いまも約三〇〇〇人のユタがいるとされる。あちこちの聖地で白い服をまとった中年の女性（注、これがユタ）が祈り、その後ろで手を合わせている人を見かける。重箱に料理を詰め、風呂敷に包んで、数カ所の御嶽を巡る。同じ重箱の料理で済ませるわけではない。したがって、家族や親戚は「御嶽巡り」終了後、大量の「お流れ」に恵まれることになる。

バスをチャーターして門中で回るミニツアーも行われている。四年に一度のことが多い。南の東御廻り《あがりうまーい》、北の今帰仁上り《なきじんぬぶい》が有名だ。役所の案内書では「あがりうまーい」の一二カ所の聖地が紹介されている。門中によって廻る場所が何カ所かに決まっており、少しずつ違う。世界遺産の斎場御嶽《せーふぁーうたき》はたいていの門中にとって必須の御嶽だが、最近は観光客が増えすぎて、静謐さが失われている。石畳の損耗も激しい。

ついでに言えば、最近ローマ帝国のコインが世界遺産の勝連城跡で見つかった。日本国内の遺跡では初めてのことだという（オスマントルコの硬貨も出て来た。いずれも勝連城の栄えた時代とは関係ない年代だ）。直接ローマ帝国と交流があったはずはない。中国経由で伝わったのだろう。ともあれ勝連城址はさらに箔がつき観光客が増えるに違いない。

沖縄におけるキリスト教も、沖縄的土壌の上に、つまり他の考えを排除したりせず、根付いているように思える。キリスト教会の普及率も本土に比べると高い。

黎明期の琉球宣教のエピソード

『沖縄キリスト教史』の「第二章　黎明期の琉球宣教」を少し並べ替えて年代順に整理した（▼は緒方が付記した）。

島津家では一五四三年に種子島に鉄砲が伝来して以来、ポルトガル船来航を歓迎すると共に幕府のキリシタン弾圧には協力せざるを得ないという、二面作戦を執ったと考えられる。

一五六二年（永禄五年）島津貴久は貿易上の利益からキリシタン信徒になり、イルマン・ルイス・アルメイダ神父が鹿児島に来た際、ポルトガル船が平戸や豊後に来航しているにもかかわらず、鹿児島に来航しないことに不満をもらした。しかし織田信長の布教許可で全国にキリシタン信徒が増大し、諸大名にもキリシタンへ転宗する者が多く、一五八二年（天正一〇年）には全国のキリシタン信徒は一五万人にも達したと言われた。

▼島津貴久のように、貿易の利益を求めて信徒になった大名が多いとみられる。一方で圧制にあえぎキリスト教に救いを求めた人々がいたことも間違いない。宣教師たちが考えたように、人々は神の教えを理解し受け入れたのではない。教えを受ける側が実利（もの・こころのどちらか、あるいは両方）への関心が強かったのではないか。

一六二二年（元和八年）南蛮船が八重山に来航し、キリシタン宗を布教したらしい。南蛮船は盛んに琉球近海を通って本土各地と通商を行い、マカオ、ルソン等にも朱印船が往来し南蛮貿易は絶頂期に達していた。

江戸幕府は……一六三四年に日本人の海外渡航および出国を禁じ、また一六三九年にはポルトガル船の来航を禁じ二度にわたる布告で鎖国体制は完了した。

▼長崎、琉球は例外だ。それに琉球はそもそも日本ではなかった。

一六三五年（寛永一二年）八重山キリシタン事件

石垣永將の殉教―宮良頭職の地位にあった石垣永將が密かにキリシタン宗を信仰していると、同僚の石垣親雲上が首里王府に告訴したことから始まった。本人と弟永弘は死刑、そのほか家族、親族にいたるまで流罪に処したと、柏姓家譜は伝えている。

▼八重山はかつて政治犯が流される島であった。知的水準が高く、王府への不満が多かったと推測される。こうした事情がキリシタン信仰の背景にあったのではないか。ついでに言うと戦後のことだが、琉球大学の成績上位グループに八重山出身者が多かった、と聞いたことがある。

琉球王府で踏絵を那覇上陸の際に踏ませたのは一六三六年（嘉永一三年）以降（注、上記の八重山キリシタン事件の翌年）と考えられるが、川上又右衛門奉行のとき（沖縄本島）中部の読谷山間切（現・読谷村）渡慶次村に寄港した唐船に南蛮人四名、日本人信者二名が上陸してきたので王府役人はこれらを捕えて鹿児島に護送した。

イギリス軍艦のプロビデンス号は一七九六年一二月に琉球列島の東方沖を通って、広東省のマカオに寄港した。途中宮古島沖合で悪天候にあって、五月一九日上陸したが、島民の親切な協力によって大麦五〇袋、米二〇袋、甘藷三袋、牛一頭、豚六頭のほか多数の鶏を救援物資として提供された。

バジル・ホール（一八一六年来琉）の『朝鮮・琉球航海記』が生前四版を重ねるほどのベスト・セラーとなったことは一六世紀以来、マカオに根拠地を持つイエズス会の注目を惹き、琉球列島に宣教師団を送ろうとする運動を高めた。
▼彼らが琉球を手掛かりに「暗黒の帝国」（ベッテルハイムによる命名）日本へ攻め上ろうとする作戦を持っていたことは既に記した。

一八三七年五月、シンガポールでギュツラフの日本語訳聖書「ヨハネ福音書」がアメリカン・ボード印刷所で発行。

一八四四年四月二八日、フォルカード神父がアルクメーヌ号に乗って琉球の那覇港に到着。

一八四六年（弘化三年）後任としてルテュルデュ司祭とマッシュー・アドネ司祭が着任。
▼フランスからの神父はいずれもカトリックだった。
一八四六年五月二日、ベッテルハイムが夫人、娘、中国人二人を連れて赴任。
▼初めて強力な！プロテスタントが登場した。
琉球官憲は彼の宣教を恐れ、できるだけ波之上護国寺に幽閉しようとした。しかし時勢はイ

ギリスとの南京条約やフランスとの黄埔条約で、清国ではキリスト教の布教が局地的に認められている。そうなるとフォルカード一行のように幽閉もできず、那覇、首里近辺までの散歩が許された。彼はよくフォルカード司祭の残した犬を連れ、夫人と腕を組んで散歩したので、「犬ガンチョウ（眼鏡）」とか「波ノ上ノガンチョウ」と呼ばれ、物見高い那覇人の注目を集めた。

ベッテルハイムは一八五四年二月アメリカ軍艦サプライ号で香港に妻子を送り、後任のムーアトン司祭と交代し、同年七月ペリー艦隊のポーハッタン号で琉球を去り、香港に向かった。

▼ベッテルハイムについての著者の感想が印象に残る。

「彼は八か年に及ぶ滞琉中に琉球王国との間に国際問題をおこしたかも知れないが、もし首里王府が島津氏と交渉し、彼を中心に『医学生研修所』を設立し、琉球人医者を養成していたら、あるいは長崎のシーボルトのように近代沖縄の医療福祉に大きな貢献をしたことは想像に難くない」

そうだ。ベッテルハイムを嫌うばかりでなく、利用すればよかったのだ。もっともお目付役の薩摩の役人が許したはずもないが。

一八五五年（安政二年）アメリカに遅れてフランス政府も九月二七日、軍艦三隻を那覇に派遣し琉仏条約の締結を交渉した。フランス政府代表はニコラス・フランソワギュリン提督。一〇月八日、二三四名の水兵が銃剣を装備し会議場を取り囲んだ。

九月一二（ママ）日、水兵一七七名を率いてきた。場外の水夫約四〇名が会議場に乱入し、総理官、布政太夫らを庭に引きずり出して威嚇した（東恩納寛淳編『尚泰侯実録』原書房、一九七〇年）。

一八五八年（安政五年）までに日本はアメリカ、フランス、オランダ、イギリス、ロシアと修好通商条約を結び、日本の鎖国体制は崩壊した。

一八六〇年（万延元年）、プチジャン神父琉球へ。二年滞在後、一八六二年（文久二年）一一月横浜に上陸、翌年七月長崎に移った。こうして琉球の苦難時代は終わり、宣教師で残留する者はいなくなった。

▼琉球からベッテルハイム師が去り、王府の頭痛の種が無くなった。日本開国を機にほかの宣教師たちも日本本土へ移り住んだ。この後、キリスト教史として重要な出来事が、長崎で起きた。

一八六五年、浦上の隠れキリシタン一二名が聖母子を拝礼に訪れた。最初にキリシタンと名乗り出たのは大浦の産婆イナベリア杉本ゆり。「ワタシノムネ、アナタノムネトオナジ」。キリスト教世界を驚かせた「信徒発見」である。

『沖縄キリスト教史』によれば、八重山キリシタン事件以外に目立った事件はない。推測だが、琉球ではキリスト教禁止や後の異国船打払いのおふれがあまり行き届かなかったのではないか。鎖国の日本とは違い、琉球は冊封・進貢体制の下で原則二年に一度、数百人単位で中国と行き来していた。当時の琉球の人口は一〇万人程度と推定される。「大交易」が盛んだった約一五〇年間に限っても延べ二万人くらいが中国と往復し、大半が福州に半年滞在し熱心に商売に励んだ。こうした「集団的海外経験」から政治や宗教には無関心、というよりも寛容の精神が身についたのではなかろうか。

いずれにしても、日本開国以降、宣教師も各国の艦隊も「青い眼」は琉球を素通りするようになった。琉球は国際舞台から取り残された感がある。

第2部

ペリー以後

恫喝におびえる島

第8章　ペリーは、なぜ日本に来たのか？

次々と押し寄せる異国船

ペリー以前とペリー以降という分け方は、在米の国際琉球学研究者、山口栄鉄氏から学んだ。ペリーは徹底した恫喝外交で日本を開国させた。しかしペリー以前に来琉した英人バジル・ホールは王府の役人と友好的な交流を繰り広げ、その報告が欧米で大評判となった。「人情の島」として琉球の名前が定着した。

ペリー以前の動きを、ジョージ・H・カーの大著『沖縄―島人《しまんちゅ》の歴史』（山口栄鉄訳）を参考にまとめてみる。

一三七二年、進貢・冊封制度始まる

一三九三年、中国皇帝の命により書記能力のある者や工芸関係者からなる中国移住民の一群が沖縄に定住。のちに久米三十六姓と呼ばれる。

一三九六年、首里王府は中国からの使節団、外交関係者のため那覇に特別な庁舎を建設。

一五二七年、倭寇により沖縄の海岸沿いの村々が襲われる。

（一五四二年、三人のポルトガル人が種子島に到達、日本人に初めて火器を紹介）
（一五四九年、イエズス会士フランシスコ・ザビエルが鹿児島へ）
一六〇九年、薩摩の琉球侵攻
「その頃家康は西洋の日本進出の問題で頭を痛めていた。スペインには疑いの目を向け、フィリピンに拠点を置く彼らの動きを恐れていた。南島に守備兵を配置することは日本の国益に最も合致する。西洋人はその島々を通過して将軍の港、長崎に迫るに違いないからである。薩摩軍の存在は南島の存在価値を一挙に変えてしまうことだろう。南方よりの足がかりともすべき南島が、ただちに南海の突端における防波堤となり得るからである」

西欧各国と琉球近海の動きは、以下の通り（☆印の項目は山口栄鉄編著『大琉球国と海外諸国』の末尾にある略年表から補った）。

一五四二年以降、ポルトガルは東インド諸島、マカオを経て、中国沿岸に拠点を確立した上で日本に上陸。

一五七〇年、オランダのオリテリウス、古地図「世界の舞台」で極東海域を示し、日本を**Iapon**、その南端の鹿児島を**Cangoxima**、更に南の琉球を**Lequioto**として紹介。☆

一五八〇年頃、スペインがメキシコやフィリピンより到達。

一六一一年、オランダが九州の平戸に拠点を設ける。その後、台湾に行政組織を確立。

一六一三年、イギリスが平戸に貿易の拠点を築く。

徳川家康はスペインやポルトガルの宣教師に不信感を抱いていた。しかしイギリスには交易上、破格の権益を与え、海難で破損したイギリス船には日本のすべての港を開放した。

一六一四年一二月二八日、三浦按針（ウィル・アダムス）来琉。首里訪問。

（一六一六年、家康の死後、欧人の貿易商を長崎の出島に隔離、キリスト教の弾圧始まる）

一六六五年、海賊が進貢船を攻撃。

（一七〇八年、イタリア人宣教師ジョバンニ・バティスタ・シドッチが屋久島へ上陸）

（一七一九年、徐葆光来琉、以下一七五一年、一八〇一年の冊封使来琉記録あり）

一七五四年、仏人フィリップ・ボウシェ、極東シナ海の海域図で琉球国を「中国帝国の琉球 Lieou-Kieou de l, emp de Chine として紹介。☆

一七七一年、ポーランド共和国の国旗を掲げた「聖ピーターとポール」が「レキオの一島、ウスメーリゴン島」（奄美のどこか）に上陸。

中国で宣教活動に励む耶蘇介士のゴビール、冊封使録「中山伝信録」に基づく琉球記を通信文書の形でパリ在異国宣教本部へ報告。その後、異国船のガイドとなる。☆

一七九七年五月、イギリスのプロビデンス号、宮古島で暗礁に乗り上げる。六週間後、同行していた補給船で那覇港に姿を現す。
＊一八一六年のバジル・ホール来琉以降は、すでに紹介した。

ペリー来琉（一八五三年）の前年までを『大琉球国と海外諸国』の略年表により改めて記す。
一八一六年、英艦ライラ号を率いてバジル・ホール艦長、旗艦アルセスト号と共に那覇入港。「朝鮮・琉球航海記」☆
一八二七年、英艦ブロッサム号那覇に寄港。「太平洋ベーリング海踏査録」☆
一八三二年、中国在宣教団の一員カール・ギュツラフ師とリンゼイら、ほぼ二年にわたる東シナ海沿岸の探検航行の途次那覇に寄港。両人とも「航海記」出版。☆
一八三七年、米船モリソン号、那覇に二度寄港。前記ギュツラフ師、ウィリアムズ師、パーカー師ら中国宣教団の面々ほか。それぞれ「訪琉記」を残す。九年後にやってくるベッテルハイムが師事するのがこの三人の宣教師たちである。☆
一八四〇年、英船インディアン・オーク号、北谷（注、沖縄本島にある）沿岸にて遭難。☆
一八四三年、英船サマラン号率いるペルシャー艦長、先島諸島近海を二ヵ月にわたって踏査。「サマラン号極東諸島航海記」☆
一八四六年、宣教医ベッテルハイム一家、英国より中国を経て琉球国に至る。以後足掛け九年の間、苦難の宣教活動に従事。☆
一八五〇年、米帆船マーリン号、日本海で台風に遭遇。ジョージ・ウェルチ船長、苦難の末琉球島にたどり着く。船長が厳しい監視下にあるベッテルハイムに代わり王府に抗議。その文書をハワイの『ザ・フレンド』紙が発表。☆
香港ビクトリア管区長ジョージ・スミス来琉。ベッテルハイムの情況を調査。『琉球と琉球

の人々』（沖縄タイムス社）
一八五一年、ジョン万次郎、摩文仁間切の海岸に上陸。☆
一八五二年、「苦力貿易」を象徴するバウン号上反乱事件。石垣島。☆

こう見てくると、琉球には怒涛の如く、異国船が押し寄せている感じがする。琉球王府は内には疫病、台風などの内憂、外ではウーランダー（昔は白人をこう呼んだ）の襲来に悩まされた。

琉球が陥った経済破綻

一八世紀末の明和の大津波について。
明和八年三月一〇日（一七七一年四月二四日）、午前八時頃に石垣島沖で推定マグニチュード7・5～8・7の地震が発生した。海底の地滑りと見られる地震で、遡上高三〇ｍともいわれる大津波が石垣・宮古を襲った。人口三万人弱の島で一万人が亡くなったとされる。塩害のため土地は疲弊した。
一九世紀に入っても幾度となく疫病、台風、干ばつ、飢饉が襲いかかる。不完全な数字ながら一〇〇〇人以上の死者が記された年をピックアップしてみる。
一八二四年～二五年　二度の台風と飢饉で死者三三五五人。
一八二六年　二二〇〇人以上が餓死。
一八五二年　台風、津波、飢饉、発疹チフスの疫病が宮古を襲い、死者三〇〇〇人以上。

一八五三年　広範囲な疫病（おそらくコレラ）が八重山を襲い、死者一八〇〇人以上。沖縄全体の人口がわずか一五万～二〇万人弱であったことを考えると甚大な被害だった。ペリー来琉は一八五三年。琉球はまさしく内憂外患。コレラ禍に苛《さいな》まれた上に、ウーランダーの「白い疫病神」までが現われた。

日露戦争以降、「黄禍論」が流行した。日清・日露戦争に勝った黄色い日本人たちが、欧米、オーストラリアに脅威を与えているという黄色人種差別論だ。なに日本から見れば、欧米の方があきらかに禍《わざわい》だ。イギリスのアヘン戦争をはじめ、不公正・不正義の戦争をしかけ中国を侵略し、次は日本、と狙いを定めた白人種は恐るべき病原菌ではないか。

ペリーの恫喝外交以降、次々と「発症」した日本の対米隷属、天皇崇拝の強制、死ぬことを美と考える異常な精神状態。これらの蔓延《まんえん》は、明らかに「病気」と断言できる。ペリー来航の時には日本人には免疫力がなく致死率も高かった。一七〇年近く過ぎた現在、白い病原菌に対抗する免疫力は向上したのだろうか。

ペリー来航はコレラやペストのような「疫病」の襲来に似ている。水戸の徳川斉昭のように「攘夷」を唱えるだけでは疫病を振り払うことはできない。メスをふるって患部を切り取る（焼き討ち、斬りつけ）くらいでは治らない。全身侵されているので小手先の外科手術では治癒不可能だ。免疫力を向上させ身体の中に深く侵入した「白禍」を次第に縮小させ、バランスをとりながら、精神・身体共に健康を取り戻すしかない。ガンの治癒過程と同じか。

ペリーの恫喝外交は今に至るまで悪影響を及ぼしている。これから取り上げる『ペリー提督日本遠征記』に関する記述では「白禍論」の趣が強くなるだろう。それより沖縄に長年住んでいると、薩摩以北の大国に住むメタボの吸血鬼の群れが気になる。ウーランダー（白人種）のような黄色人種のような、そのいずれでもない冷血漢のヤマトンチュたちへの対応が一番難しい。蘭方医も漢方医も琉球唐手も拝みも通用しない「アウトレイジ」（注、二〇一〇年の日本映画）のような「全員悪人」!!!

おっと、こんなことを言ってるとヘイトスピーチと同じにみなされかねない。なにしろ米海兵隊や軍属、本土から来た機動隊への批判もヘイトスピーチと同類と非難する人もいるようだから。もともと弱者いじめの卑劣な言葉をヘイトスピーチというのだが、最近は強者が弱者のふりをして、政府に都合の悪い批判を全て抑え込もうとしている。

大阪府警の機動隊員が、高江で抗議する住民に対して、「ぼけ、土人が」と罵声を浴びせた。「黙れ、こら、シナ人」と言った者もいた。ペリー以前の日本政府の琉球に対する認識と同じことに愕然とした。一五〇〇年間、日本の警察は琉球・沖縄に敵対していることになる。

ペリーから娘への手紙

『ペリーはなぜ、日本に来たか』（曽村保信著、新潮社）は一九八七年に出版された。『ペリー来航―日本・琉球をゆるがした四一二日間』（西川武臣著、中公新書）、『日本開国―アメリカがペリーを派遣した本当の理由』（渡辺惣樹著、草思社文庫）、この二冊は二〇一六年に刊行された本だ。

この三冊を手掛かりに、いやそれだけではもちろん足りないので、当時のアジア・欧米の関係（『アジアと欧米世界』世界の歴史25、中公文庫）、膨張するアメリカの政策（『アメリカ合衆国の膨張』世界の歴史23、中公文庫）などの歴史の本を勉強しながら、あのペリーがなぜ「日本に来やがったか」（?!）の真意を探る。

この男が平和な日本に突然砲艦外交を仕掛け、無理やり開国を迫ったがために日本国中が大騒ぎ、その後すっかり日本は好戦的になって、隣国に攻め入る。日清・日露の後は夜郎自大になって日米戦争まで引き起こし、あげくの果ては全土が焼け野が原にされてしまった。その時、やって来たのがまたペリーと同じような恫喝外交の男マッカーサー。そのまま脅されっぱなしで七〇年以上も米国従属の日々を送っている（そしてトランプ登場でアベドルフがさらに間違った方向を先取りしてしまう）のが我々日本人ではないか。と言ってしまっては身も蓋もないが、まずはペリーの人間味がうかがえる手紙を紹介しよう。

神奈川県横須賀市久里浜のペリー記念館には、提督が娘にあてた手紙のレプリカが展示されている。

ペリー胸像
（久里浜ペリー記念館）

「セント・ビンセント岬沖のサラトガ号艦上にて

一八四三年九月六日

わが愛する娘イザベルよ。

今は、わたしはおまえのお姉さんのキャロラインへ短い手紙を書いた。同時に、イザベルおまえにも手紙を書いてあげたくなったよ。この手紙が届いたなら、二人ともすぐにお父さんに返事を出しておくれ。お願いするよ。

お兄さんのウィリアムスが、いつもやっているように、手紙を出すチャンスがある時にそなえて、おまえも日記のようなものを作っておくとよい。なぜかといえば、おまえはいつもお母さんの手伝いで忙しいとおもう。たぶん、手紙を書く時間があまりないだろうから。

また、お母さんや叔母さんたちの言いつけをよく守り、一生懸命に勉強しなさい。おまえは、お母さんといっしょに庭の手入れをし、果樹の植えかえを手伝いなさい。それからもうひとつ、庭に植えてあるマテ茶やブドウの木の手入れをやってくれているでしょうね。

ウィリアムとともに、イザベルと家族全員に心をこめてこの手紙を送る。

わたしの最愛の娘に幸せあらしめ給え。

おまえの愛する父

Ｍ・Ｃ・ペリー」

ペリーが日本を訪れたのは一八五三年。だから手紙はその時より一〇年前のものだ。

ペリーという人物は、砲艦外交で日本を恫喝した傲岸不遜の男とみなされ、当時の瓦版には、天狗か鬼のように描かれている。しかし娘をきづかうこんな一面もあったのだ。

記念館にはペリーの等身大の胸像も飾られている。もしそれが本物に近いとすれば、彼の顔かたちは実直で小心な銀行員、職人気質で頑固な大工のような好人物にも見える。一八三五年に撮られたボストン海軍工廠監督官時代のペリーの写真を見ると胸像によく似ている。これを見本にしたのではないか。この時ペリーは三九歳。後年の傲岸不遜の姿とは違い、野心に満ちた青年の面影がある。眼に誠実さを感じる。

娘への手紙から分かるのは、子供は三人いて、イザベルの上にウィリアム（男）、キャロライン（女）がいる。姉のキャロラインはニューヨーク社交界で評判の美人だったらしい。この手紙が書かれる二年前、彼女は事件にまきこまれる。そして二人の男が決闘することになってしまう。『日本開国』の著者・渡辺惣樹は次のように記している。文意を変えず、少し短くして引用する。

決闘が生んだ愛

一八四一年八月二五日、メリーランド州セシル郡の小高い丘グレイズヒルで決闘が行われた。対決したのはウィリアム・ヘイワードとオーガスト・ベルモントの二人。決闘の原因は、ブロードウェイのナイトスポット、ニブロガーデン劇場で起こった二人の口論だった。ヘイワードが若い女性たちを侮辱する場面にベルモントが居合わせ、これを咎めた。名誉も財産も持ち合わせたベルモントが、恋人でも妻でもない女性の名誉を守ろうとした行為が決闘につながった。ヘイワードの弾丸はベルモントの鼠蹊部にあたり、その後足の不自由な生活を送ることになった。

ベルモントが命を張って名誉を守ろうとした女性のなかに、キャロライン・ペリーがいた。この決闘事件が縁となり、二人は一八四九年に結婚。この時期、キャロラインの父マシュー・ペリーはニューヨーク・ブルックリン海軍工廠のトップ。娘の名誉を、命を賭けて守った男と娘の結婚。現代ではほとんどありえない、自慢の婿をもつ父親の冥利だ。

姉のキャロラインにあてた手紙の内容は分からないが、（二年前の）決闘事件を機にこの頃、二人の交際が既に始まっていたのかもしれない。想像をたくましくすると、ベルモントには妻がいて、決闘なんかの野蛮な風習には大反対。これが原因で夫婦仲がおかしくなってしまう……？。

「なんであんたがそんな娘たちのために命かけなくちゃいけないのよ。誰かに気があるんじゃないの、あんたが死んだら私はどうするの、どうでもいいと思ってんじゃないの、ねえ、ちゃんと考えてるの、考えてないでしょ。決闘なんてバッカみたい」

「騎士道だよ、騎士道。男は名誉を守るために命を賭けるんだ。黙ってろ女は。男はナイト（騎士）でないと」

そして一生足を引きずるほどの傷を負う。

「ほーーーーら言わんこっちゃない。もういや、自分のこともわたしのことも大事にしない人は。もうやってゆけません」と家を出て行く。さらに意地悪な想像を続ける……。

その後、名誉を守ってもらった娘たちは、大けがをして奥さんにも逃げられたベルモントに同情し、誰か責任をとって結婚してあげた方が良いのでは、という話になる。しかし社交界で評判の女性たちだけに引く手あまた、次々と結婚してしまう。唯一残ったキャロラインが九年後にベルモントに嫁ぐことになった。父親としては名誉を守った男、という世間体が大事。しかしキャロラインにとってはなにやら政略結婚に乗せられたような不満が残る。

これはヘイワードの立会人フレデリックが一八一〇年生まれ、決闘事件の時は三一歳。おそらくベルモントも同じような年齢だったろう（だから既婚ではなかったのか？）。

事件から結婚まで九年（交際期間がちょっと長すぎるのでなにかあったのではないか？）という二つの事実だけを元にした妄想である。

『日本開国』を読み進めるうちに、ペリーの娘婿ベルモントがロスチャイルド家や米欧の産業界とのつながりがあることが分かった。私の駄文もあながち妄想だけでもなかったようだ。

「ベルモントはドイツ・フランクフルトの南の町アルツァイの裕福なユダヤ人家庭に生まれています〈一八一三年〉」

決闘は一八四一年だから二八歳の時だ（結婚は三六歳の時）。

国の金融を扱うことにたけたネイサン・メイヤー・ロスチャイルド＆サンズ（ＮＭＲ）はアメリカ金融市場にも進出。債権回収に辣腕のアーロン・Ｈ・パーマーを派遣。パーマーはニューヨークにオーガスト・ベルモントを派遣。この二人のしたたか者はロスチャイルド家から離れてしまい、しっかりとアメリカで地歩を築いてゆく。ベルモントはわずか三年の内に当時ニューヨークでもっとも裕福とされる四〇人の一人にランクイン。

一九〇四年一一月三〇日のニューヨークタイムスによれば、高級ホテル・ウォルドーフ・アストリアで開催された晩餐会の主催者はオーガスト・ベルモント（二代目）、主賓はフランス・ロスチャイルド家の当主、アルフォンス・ロスチャイルド男爵。彼は、さすが大人の対応、ロスチャイルド家を裏切った不届き者でも役に立つと見れば縁は切らない。

注目は二代目のベルモント。つまりキャロラインの息子だ。キャロラインにとってみれば父は日本開国の英雄ペリー、夫は大富豪、息子は超高級ホテルで晩餐会を主催する有名人。

一方、妹のイザベラは姉とちがってかなりのおきゃん。いつも姉妹げんかばかりしてペリーの悩みの種。名誉や地位をバカにして父親には反抗的……おっとこれは全て私の妄想に過ぎない。

ペリーに決まるまで

ペリーの日本派遣が決まったのは一八五一年一一月一三日。キャロラインの結婚から二年後だ。しかし世論は割れる。遠征賛成はニューヨークの有力紙『エキスプレス』紙。ライバルの『ニューヨーク・デイリー・タイムズ』（現『ニューヨーク・タイムズ』）は反対。理由は以下の通り。

①ペリー艦隊の派遣は日本に対する宣戦布告であり、憲法違反である。

②日本に捕らわれた捕鯨船員解放の交渉には、外交交渉を優先すべきであり軍事力に頼る必要はない。
③捕鯨船員が日本に捕らわれているという証拠はまだない。もしそうだとしても彼らが日本国の法を犯して捕らえられたとすれば仕方がない。
④日本の「硬い牡蠣の殻」を破るには物理的な力が必要だとする『エキスプレス』の主張だが、米国大統領も米国世論もこれが好ましいことではなく、艦隊派遣が日本の主権を侵害するという点では一致している。
⑤ペリー艦隊派遣は、イギリスのアヘン戦争の悪例を想起させる。米国や世界が、アヘン戦争でイギリスが中国で行なった植民地主義を非難している今、イギリスと同じ轍を踏むべきではない。
⑥「善をもたらすために悪をなす」という考えは、イエズス会の誤ったキリスト教精神であり、現代の世界にはもう通用しない。日本が海外政策を誤ったのはオランダの責任である。日本は師として付き合っていた相手が悪かった。

しごくまっとうな主張だ。ところが四ヵ月後風向きが変わる。

捕鯨船員の嘘で世論が変わった

セントヘレナ島といえばナポレオンが流された島として有名だが、鳥も通わぬ絶海の孤島と思っている人が多いのではないか。『日本開国』(渡辺惣樹著、草思社文庫)によれば、〃定期航路〟が通っていた！

「セントヘレナ島はアフリカ海岸まで最短で二〇〇〇キロメートル弱、ブラジルまではおよそ二九〇〇キロメートル、面積はわずか一二〇平方キロメートル。大西洋に浮かぶ孤島です。スエズ運河開通以前は大西洋上の海のオアシスとしてインド洋に向かう船やアジアから戻る多くの船に利用されていました。イギリスに敗北したナポレオンはこの島に流され一八二一年にここで亡くなっています。」

セントヘレナ島は人と情報が行き交う港だった。ここに日本で遭難した米捕鯨船員マーフィ・ウェルズが送還される途中に寄港する。彼は日本人の残虐性を訴えた。

「海岸にたどりつくや土着民に捕まりボートや所持品は没収され、動物を入れる見世物にするような籠に押し込まれた」

「食うや食わずの状態におかれること一一ヵ月半ののちオランダ居住区に移され、そこで二ヵ月間拘束された。厳しい尋問にあい遭難したと訴えても信じてもらえなかった」

しかしこの捕鯨船員たちは日本に拘留中も、仲間を殺す、などの乱暴狼藉を尽くすグループだったのだ。

この記事が一八五二年六月一五日『タイムズ』紙に掲載される。この事件は五年ほど前の出来事だったのだが、日本遠征を促進するため、改めてアメリカ政府と新聞が世論操作した可能性が大きい。

アメリカの捕鯨業は一八四六年には七三五隻、総トン数二三万三一八九トンに達し、最高の漁獲量を記録していた。それ以前から捕鯨船は日本近海で操業し、水戸藩領の大津浜（北茨城市）では文政七年（一八二四年）にイギリス船の乗組員が上陸した。既に水戸藩では多くの異国船が沖に出没していることに危機感を持っており、「異国船之事、実に天地の一政変」（藤田幽谷）と警告していた。

沖からは砲声が聞こえ、海岸には水戸藩始まって以来の陣が布かれた。上陸した乗組員によれば、沖に三〇隻の異国船がいて一隻につき三〇〜四〇名が乗組んでいる。つまり水戸沖には一〇〇〇人ほどの異国人がいる。水戸藩は恐慌に陥った。

以上は吉村昭の『海の祭礼』（文春文庫）、『桜田門外の変』（新潮文庫・上下）から学んだ。水戸藩が強硬に攘夷を唱えた背景に、間近に異国船を見ていたことも大きい。

捕鯨船の乗組員の中には難破を装って日本に上陸した者もいる。彼らは上陸すれば重罪人のように投獄され、踏み絵に応じなければ死刑にされる、と誇大に言い募った。

フィルモア大統領は、捕鯨船員の生命、財産を保護するという大義名分のもとに、日本派遣を決める。一八五一年六月八日（嘉永四年五月八日）には、オーリック提督が蒸気艦の旗艦「サスケハナ号」に乗り、帆船の「プリマス号」「サラトガ号」の両艦を率いてアメリカ東海岸を出発。しかしオーリックは「サスケハナ号」艦長と対立した。大統領以下の判断は、重要な遣日使節として指導力に乏しいオーリックは不適当、として中国に着任した彼に免職を言い渡す。

そして登場したのがオーリックの先輩で、メキシコ戦争の折にメキシコ艦隊司令長官として輝かしい戦歴を残したアメリカ海軍の代表的人物、M・C・ペリー代将であった。

分かっていたペリー来航

「日本は一八世紀という新たな世紀を迎える遙か前から迫り来る外圧の脅威を知っていた。長崎という外界に開かれた狭い門を通じて、英国の植民地アメリカにおいては英国王の立場が革命的な変革期にあること、フランスでは旧帝政の崩壊後、ナポレオン戦争が勃発していることなどの情報に接していた。オランダはまた他の西洋列強、すなわち貿易上のライバルに対する日本の恐怖感を煽るのに懸命だった」（ジョージ・H・カー『沖縄―島人の歴史』）

この頃の日本の海外情報はオランダ頼りだった。オランダ商館が長崎奉行に提出した「別段風説書《べつだんふうせつがき》」によれば、ペリー艦隊の来航の一年前には派遣計画が予告された。この書には三八か条にわたってアジア、アメリカ大陸、アフリカ大陸で発生した事件まで報告されている。キューバはスペインの植民地であったが、近年独立運動が始まった、ロシア西部のコーカサス地方ではロシアに対する反乱が起こった、南アフリカではイギリス軍と現地の人びととの戦闘が始まった。フランスによるアルジェリア侵攻なども伝えられた（西川武臣『ペリー来航』中公新書）。

以下、『ペリー来航』を引用しながら。

・西洋諸国については一八五〇年に敷設されたイギリスのドーバーとフランスのカレーを結ぶ海底電信の開設によって情報が数分で伝わるようになった。

・一八五一年のロンドンで開催された初の万博で世界中の物産が集められた。
・アメリカではカリフォルニアで金鉱が発見された。
・一八五二年のナポレオン三世の皇帝就任。
・一八四八年からイタリアでオーストリアからの独立戦争勃発。

ペリー来航と同時代に何が起こっていたかが分かる。

アメリカの情報は以下の三箇条であった。

①中国やインドとの貿易が拡大している。

②日本と貿易を望み、大統領親書を持った使節の派遣準備をしている。

③艦隊を率いる司令長官がペリーであること。既に彼の指導下に一隻の蒸気船（ミシシッピ号）と三隻の帆走軍艦が配備されたこと。

横井小楠の手紙

ペリー来航前の半年前、嘉永六年（一八五三年）正月に、横井小楠が尾張の儒者沢田良蔵にあてた手紙を紹介する（松浦玲『横井小楠』ちくま学芸文庫）。

オランダからの情報が長崎から流布しないよう幕府が神経を使っていること、およびイギリス船が近年琉球にしげしげと来ていることを報じたあとで、「此方の流説にては当夏は必ず何方に参り一論談いたし申すべく」と書く。まだ、漠然としており、国籍もはっきりとつかんではいないようだが、この「流説」がペリー一件であることは、まず間違いない。

さらに五月三日に越前の岡田準介に送った手紙には、地名まで明記されている。

「近来は西洋の変動其の沙汰紛々とこれあり、定めて夏中には浦賀へ参り申すべく候」

そして、その後に予想される事態に付いても警告を発している。

「去れば弥益《いやまし》天下の勢武《いきおい》でなければならぬと、士気を興すと一偏の所に参り申すべく候、成程士気を興し武備厳重にならねば決して相成り申さず候得共、此一偏に根本定り候へば、甚だ以て恐敷事に御座候（略）」

と、「武によって国を起す誤り」の行く末を懸念している。

「（略）或は客気角暴の手荒き風とも成り、或は権変功利の拙き術とも流れて、其末終《つい》に如何とも成し難き勢いに落入るは、鏡に懸けて見るが如し」

著者の松浦氏は次のように続ける。

「小楠が、こういう視覚から、ペリー来航以後の日本についてあらかじめ警告を発していることは、十分に注意されなければなるまい。いったん期待した水戸派に、すぐあとでひどく失望するのは、ここに書いているような意味で『権変功利』だったからである。正義を押しつらぬくという態度が、水戸にはとれず、武力でかなわないとみると無原則的に妥協してしまった。やはり、根本の学が純正でなかったのかと、小楠は激怒する」

横井小楠の考えは、単なる攘夷でも開国でもない。「有道の国・無道の国」を分ける対応策や、孫文の言う「王道・覇道」に通じる考え方もある。これはペリーやロシアのプチャーチン来航のところで紹介する。

パナマ運河による東アジア政治・経済へのインパクト

パナマ運河の開通は一九一四年のことだからペリー来航（一八五三年）より半世紀も後の話だ。

実際にペリーはアメリカ東海岸からアフリカを回り、インド洋を経て中国大陸へ、と西から東へ大回りして日本へ到達するルートをたどることを余儀なくされた。

「南北アメリカを繋ぐ細くくびれた地峡。大西洋からの海上輸送を遮断するこの地峡こそが支那、日本の独立を守る砦と言える」

こう書いたのは有名な探検家フンボルト（一七六九〜一八五九）であった。彼は、自由で互恵的なヨーロッパ諸国と日本との交流は大西洋と太平洋が運河で繋がるまでは難しいだろうと述べていた（チャールズ・マックファーレン『日本　一八五二―ペリー遠征計画の基礎資料』渡辺惣樹訳、草思社文庫）。以下、適宜本書より引用する。

パナマ運河が出来てしまってはイギリスにとって危機となる。イギリスの有力な土木技師アレン・マクダネルは、アメリカ海軍が一気に蒸気船で太平洋に抜けることが出来る、そうなるとイギリスの持つアメリカ大陸北西部沿岸の（イギリスの）入植地を脅かし、インド大陸のイギリス権益さえ危うくするのは確実、と心配している。当然、アメリカ東部を発って、セントヘレナ島へ寄り、アフリカ回りでアジアへ向かう船などなくなる。

一八四八年には米墨戦争でメキシコが負け、アメリカがカリフォルニアを獲得。西部への拡張が進展し、一八四九年にはゴールドラッシュが起こり、一八五〇年にはアメリカの一州に昇格する。

このようにペリーが米国を離れる三年前のカリフォルニアは西部開拓の熱気にあふれていた。大陸横断鉄道が完成したのは一八六九年のことであった。フロンティアを求めて西へ西へと人のうねりが続く。さらにその先に広がる太平洋へと。

サンフランシスコ湾はアメリカのアジア太平洋貿易の重要な中継拠点として注目されるようになる。蒸気船を使えばサンフランシスコと中国大陸は約二週間の距離だ。ロンドンで発行された雑誌『ローソンズ・マーチャンツ・マガジン』には次のような記事が掲載された。

「イギリスとしてはアメリカに簡単に先を越されてはいけない」

「日本はアメリカ西海岸と太平洋を挟んで向かい合っている。この国の二つの大きな島、日本島と蝦夷島は津軽海峡で隔てられている。ここをたくさんの捕鯨船が行き来している。ところが日本の沿岸では薪水補給はできず、運悪くこの沿岸で難破などして漂着すれば略奪と死が待っている」

日本が知らないうちに、勝手に日本はこう評価されていた。「日本は極東のイギリスになる可能性が高い」と。

パナマ運河の開通を待つまでもなくアメリカのアジア太平洋への進出は盛んになった。ペリー艦隊は「動く砲台」である黒船で現われ、鎖国体制の日本を一瞬にして打ち砕いてしまう。日本は「開国」を受け止めざるを得なかった。

コロンブスの志

ジョセフ・ヒコは天保八年（一八三七年）に生まれ、明治三〇年（一八九七年）に没した。幕末に活躍し、新聞の父と呼ばれた人物である。彼は漂流民であった。本名は濱田彦蔵。アメリカ大統領と正式に会見した最初の日本人でもある。この時の大統領はピアース、時期は一八五三年。ペリー来日の年だ。一八五七年にはブキャナン大統領とも会見。帰国を望むが日本人のまま帰れば命が危ない。そこで一八五八年にアメリカに帰化し、翌年初代駐日領事ハリスと共に帰国した。

一八六二年にはリンカーン大統領とも会っている。日本ではアメリカ彦蔵と呼ばれ、攘夷派から命を狙われたりしたが、日本で生を終えることができた。青山霊園の外国人墓地にある墓には英語のほかに「浄世夫彦之墓」と刻銘されている。

彼の漂流記に次のように記されている。

「(コロンブスが西へ向かい大国へ着いた。) しかれども、目ざしたる日本にはあらで、アメリカなり、コロンブス、日本を尋ねて、不慮にアメリカを見出し、またアメリカ人、日本に渡りて港を開きしは、因縁ありて暗にコロンブスの志を達せりというべし」(『ペリー艦隊大航海記』大江志乃夫、朝日文庫)

以下、同書を参照しながら進める。

コロンブスは「黄金の国ジパング」をめざした。続く航海者たちも「金」の獲得をめざし、アメリカ先住民をほぼ壊滅させた。

コロンブスの卵とは、「ジパング」を目ざすのに、東へ向かうのではなく西へ向かえば良い、と発想を逆転させたことだ。後に、そんなことはだれでも出来る、と言われ、では卵を立ててみろと彼はみんなを挑発する。誰も出来ない。そこで彼は卵の尻をつぶして立ててみせた。本当の話かどうかは分からない。

ペリーは、自らをコロンブスの事業を完成させた後継者として位置付けている。

コロンブスがアメリカに到達したのは一四九二年。三六〇年後の一八五二年にペリーが日本への遠征に出発する。コロンブスの時代との大きな違いは蒸気機関の出現であった。

コロンブス以降、西回りでジパングに達するのは、東回りよりはるかに遠いことはマゼランにより証明されていた。しかし四世紀を隔てた新時代の産物は、空間距離の概念を時間距離の概念に置きかえた。彼の乗ったミシシッピ号は蒸気機関で走る軍艦だった。

第二のコロンブスの卵だ。

ペリーによれば、「もし東部アジアと西ヨーロッパ間の最短の道が（この蒸気船時代に）わが国を横ぎるならば、わが大陸が、少なくともある程度まで、世界の街道となるに違いないことは十分に明らかであった」。

太平洋と大西洋をむすぶ最初の横断鉄道であるパナマ鉄道の完成は、ペリー来日の二年後、一八五五年である。前に記したがパナマ運河の開通はかなり遅れる（一九一四年）。

アメリカ合衆国の海軍

「アメリカ海軍の歴史は、もっぱら通商破壊戦の実施から出発したという事実を、まずわれわれは深く記憶にとどめておいたほうがいいだろう」（曽村保信『ペリーは、なぜ日本に来たか』新潮社、以下「ペリーは、なぜ」と略す）

以下、同書を参照しながら進める。

私掠船（プライヴァティア）という言葉は、古い。一七世紀は海賊の時代、とも言われる。「戦時に私掠行為（プライヴァティヤリング）という形で財産を奪うことは公式な戦闘行為の一部であった」。これは前にも引用した『海賊と商人の地中海―マルタ騎士団とギリシア商人の近世海洋史』に書かれている。やがて彼らは掃討されてしまう。「パイレーツ・オブ・カリビアン」のような「海賊」たちは正規の海軍にとって代わられる。

しかしアメリカでは事情が違った。私掠行為を働く彼らの方が正規の海軍よりは優っていた。イングランドとアイルランドの海域にまで出動していた。一七八〇年には総勢二二八隻の私掠船が約三〇〇〇の大砲を積んで、荒らし回っていた。イギリスの船主たちにとってはたまったものではない。

英国が得意とした海賊行為は、時代が下るにつれてアメリカの十八番になってしまった。

ペリー提督の父親、クリストファー・ペリーの活動も私掠船から始まった。

アメリカの造船界では私掠船の活動に適した船型を一生懸命に開発した。「スクーナー」と呼ばれる形が代表的なもので、スピード抜群、しかもごくわずかな人数で操船が可能だった。

アメリカのシーパワーはこうした私掠船と正規軍の二本立てであった。

ペリーの長兄オリヴァー・ハザード・ペリーはわずか一三歳で士官候補生としてフリゲート艦「ジェネラル・グリーン」に乗り込んだ。父親が艦長であった。後年、オリヴァー・ペリーはエリー湖の戦闘で米海軍史上不朽の名声を残す。一八一三年一〇月九日のことであった。さらに彼の名声を高めたのは、この時のローレンスとナイヤガラの二隻が、彼の指揮下に山から木を伐り出す作業から始まってわずか四ヵ月で建造された船だったことだ。

「エリーの湖畔に最後にとどろいた砲声こそ、ほかならぬ英国の支配への弔鐘だった」と作家のワシントン・アーヴィングが記している。オリヴァー・ペリーの名前は海軍功労者として、一九七七年から二〇一五年まで就役したミサイルフリゲート艦に残されていた。

ペリーが学んだ東洋人との付き合い方

マシュー・カルブレイス・ペリーは兄が殊勲を挙げた頃、もっぱら通商破壊戦に従事していた。一族の令名はますます高く、一八一四年にはニューヨークの富裕な商家スライデル家の令嬢ジェインと華燭の典を挙げている。

「対英戦争の最中、アルジェの海賊の頭目は、しきりにアメリカの商船をつかまえては、其の乗組員達を奴隷にしてこき使っていた」

もちろん彼らは大英帝国とつるんでやっている。そこで対英戦争が終わった直後、米議会はアルジェに宣戦した。派遣部隊は海賊どもをさんざんな眼に合わせたが（一八一五年五月）、いったん大艦隊が去った後は何をしでかすかわからない。そこで直ちに第二陣を翌月に派遣する。これこそ砲艦外交の典型、ダブルパンチで相手に限りない畏怖心を与えるのが狙いだ。これに加わったのがペリーだ。

日本との外交交渉にもアルジェの海賊を脅した経験が生かされている。

一八二六年の六月三〇日、大艦ノースカロライナの艦長心得、その後中佐に進級したペリーはトルコ帝国海軍の指揮官コプダン・パシャの所在を求めてダーダネルス海峡近くにいた。パシャの次席士官が指揮官を務めるトルコ艦が座礁し、アメリカ側のとりなしで事なきを得た。これでパシャとの面会の口実が出来た。双方の艦隊がレスボス島に入港する時に、ペリーは普通ならば国家元首にしか使わない二一発の礼砲をもってパシャを迎えた（彼はオスマン・トルコ帝国では上から三番目であった）。

こうした破格の扱いのおかげでトルコ・アメリカの最初の友好条約の交渉もすらすらと進んだ。ペリーはここで東洋人との交際のコツを学んだ。すなわち、まず恩義を売り、次に仰々しい礼儀作法の限りを尽くすことである。

クリミア戦争の影響

幕末史を見るとクリミア戦争が影響を及ぼしていることが分かる。ペリー来航と同時代の大規模な戦争で、日本でのロシア艦隊と英国艦隊の動きにも大きく関わっている。ところがクリミアという地名のせいで局地的な戦争と勘違いしやすい。

「黒海と地中海の制海権をめぐるヨーロッパ諸国間の闘争で、その主な関係者は、英、仏、トルコ、それにロシアの四者だった。（略）これは要するに英国のシー・パワーとランド・パワーの対決だった」（『ペリーは、なぜ』）

戦闘はバルト海、白海、さらに一八五四年八月末には極東のカムチャツカまで波及した。英仏連合軍がペトロパブロフスク・カムチャツキーを包囲するが失敗、さらに翌年四月に再度攻撃をかけるがロシア軍は撤退した後だった。

ロシアのプチャーチンは開戦前にロシアを出発し、ペリーに遅れること一ヵ月、一八五三年八月に長崎に到着する（ペリーの浦賀着は七月）。日本との外交交渉の最中にクリミア戦争が勃発した。さらに翌一八五四年一二月の安政の大地震で乗艦ディアナ号を失うなどさんざんな目に会っている。その中で翌年一月には日露和親条約の締結に成功している。

『ペリーは、なぜ日本に来たか』の著者曽村保信氏は元海上自衛隊幹部学校の講師だ。専門家らしい指摘が目立つ。

「(クリミア戦争は）事実上帆走海軍が使われた最後の国際戦争だった。（略）その意味は、実に限りなく大きい」

「当時のロシア海軍のバルト海艦隊は、英、仏にくらべて兵力的におおむね優勢だったにもかかわらず、もっぱら要塞艦隊ぶりを発揮して、港の中にいて損害を避けようとした。（略）ただ、この戦争では、ロシア海軍のお家芸の一つである機雷が初登場し、英国海軍では、これもまた史上最初の掃海作戦をやったことが注目される」

英国とロシアの争いは、アメリカにとってこのうえないチャンスだった。ペリーの日本出発の機は熟していた。

ペリーの沖縄海軍基地構想

最後に同書から「沖縄、小笠原の戦略的価値」の項の冒頭を引用する。

「ペリーは前々から沖縄にたいして、異常なまでの関心をはらっていた。それはまず第一に、そのころの沖縄が日本の薩摩藩と中国の清朝政府に両属し、いわば曖昧な政治的な地位をたもっていたが、軍事的にはほとんど無抵抗の姿勢を示していたことによる。そして、その上、さらに、沖縄と日本との特殊なつながりを打診することは、あるていど日本の政府そのものと取り組む上での、予行演習的な性格をもつだろうと判断した。まさか九二年後（注、一九四五年）の沖縄上陸作戦を予想していたわけでもあるまいが、この盲点にまず眼を着けたことは、やはり彼が凡庸な戦略家でなかったことを証明するものとみていい」

ペリーが本国に送った報告でも、アメリカとしてとりあえず沖縄に海軍基地を獲得することによって、ほぼ英国の極東における勢力に拮抗できる立場にたてるだろう、と結論づけている。さらに、もしも日本の政府が要求を受け入れないような場合、アメリカとしてはぜひともここを確保しておく必要がある、と考えた。

英国はすでに「ベッテルハイムという、ハンガリー生まれのユダヤ人宣教師を工作員（エージェント）として那覇に送りこんでいた。（略）ただ英国の当事者達は、沖縄をあくまで中国問題の延長線上で見ていたのにたいし、ペリーはこれを日本の一部と見ながらも、しかも個別的にアタックする方式をとった点が、極めて特徴的である」。

海上自衛隊幹部学校の講師である著者の見解は、「米国のペリーの意図は沖縄に海軍基地を確保することにある、英国のベッテルハイムは工作員」と明快である。

第9章　ペリー提督の日本遠征記

1．東廻りの航路で琉球へ

海軍長官あての公式報告書

いよいよ「ペリー遠征記」に入る。本を読み進めると同時に、沖縄での訪問地・探検地を巡るので新しい発見があるかもしれない。

青い眼が見たものが客観的、と思い込んではならない。彼らの眼は自らのフィルターを通して見ており、しばしば自分達がそうあってほしいイメージを琉球に投影している。しかし港の深さや暗礁の存在、山の標高、動植物の形態・種類などが間違っている訳ではない。琉球の役人や民衆についても彼らなりの観察がうかがえれば良い。

ペリーの遠征記は虚偽に満ちている、と評する人もいるが一級の資料である。「恫喝外交の記録」の一面があることをわきまえて読み進めることにする。

最初に、ペリー遠征記を通読して気づいたことを記す。

①ペリー遠征は東廻りの航路であった。
②オランダを敵視している（絶対に長崎を窓口としない）。
③来琉は五回、日本には二回訪問した。
④琉米条約の締結が、現在の沖縄にとってますます重要性を持つ。
⑤二つのペリー上陸碑がある（沖縄の泊と神奈川の浦賀・久里浜。開国を強制された二つの地）。
＊三つ目の下田の記念碑は後で気が付いた。
⑥ロシア、イギリスに先を越されないように焦っていた
さらに私の問題意識としては
⑦ペリーの恫喝外交を第一の開国、アジア・太平洋戦争の敗北を第二の開国とすれば、米従属の現状の打開が第三の開国ではないか

ここで使用する『ペリー提督日本遠征記』は角川ソフィア文庫（上・下）宮崎壽子監訳、である。一八五六年に米国議会上院へ提出された「アメリカ艦隊の中国海域及び日本への遠征記—一八五二〜五四年」全三巻のうち第一巻の日本語版。

前書き、序論、二五章、補章合わせて約一二〇〇頁から成る。そのうち琉球に触れた章は八章。章立てでは全体の三分の一を占める。いかにペリーが琉球を重要視していたかが伺える。驚くのは序論が一六四頁もあることだ。地理、日本人の起源、政府、宗教など幅広い。ここでは琉球を中心に取り上げるため、序論はオランダへの言及を除いて省くことにする。

米のオランダ敵視ははっきりしている。ポルトガルとオランダの商館の激しい競争、中傷合戦、ポルトガルの追放にふれた後、次のように記す。

「その後、オランダ人は日本においてどうにも否定しようのないほどあからさまな、また弁明の余地もないほどよこしまで恥ずべき行動をとった」

それは島原における日本人のキリスト教徒反乱の鎮圧にオランダ人が協力したことである。

「当時、日本におけるオランダの通商と同国人を監督していたのはコッケペッケルだった。日本のキリスト教徒たちは、ある古い町に立てこもって防戦し、皇帝の軍はこの町を奪取できなかった。そこでコッケペッケルは平戸に停泊していたオランダ船に乗り込み、島原へ赴いて、艦載砲と海岸に設置した砲台とでその町を砲撃したのである。（略）やがて籠城者の多くは餓死し、その町は陥落した。そして男も女も子供も、ひとり残らず皆殺しにされたのである」

オランダ人が信仰上おなじような教義を持つ人々を、「自分たちの世俗的利益」、つまり商売のために犠牲にしたことは、日本人には矛盾と映った。ドイツに生まれながらオランダ人に仕える医師であったケンペルは以下のように記している。

「卑屈に相手（注、日本政府）の機嫌をとったり、なんでも黙認したりすることでこの誇り高く用心深い国民の信頼や親密な友情を得ることはとうていできないのであり、このことがかえって彼らの猜疑心を強めてしまったように思われる。すなわち、われわれのとった行動に対して、日本人は憎しみと軽蔑の念を抱いたのである」

ケンペルとは、長崎の出島のオランダ商館に勤務したドイツ人医師である。日本での見聞をまとめた日本誌で有名。当然ペリーも読んでいた、と考えられる。

ペリーは航海中、二〇〇余名の乗組員に命令を出す。

「艦隊の動向、艦船の訓練や隊内の規律などをマスコミに伝えてはならない。家族や知人への手紙についても同様である、隊員が記す日記やメモは、海軍省から刊行許可が出るまでは政府に所属する、と」

つまり遠征の目的は外交・軍事であり、学術調査ではない。シーボルト以下の知日学者の乗船申し出も全て退けている。例外はドイツ人画家ハイネなどのわずかな人数であった。本書の編集はペリーの要請により、ニューヨークのカルベリー教会牧師で歴史家のホークスに任された。

航海中のペリーは「怒ればドスのきいた悪態をつき」「自分用のグログ酒（強い蒸留酒）をたしなんだ」と随行した海軍大尉の回想に記されている。夕食が済むと一旦寝て、午前一時ころ眼を覚ます。「愛用のパイプをくゆらし、口述を始める」。このメモが海軍長官あての報告になり、個人的なメモとして報告に添付された。

琉球群島の占拠を予言

一八五二年一一月二四日、蒸気フリゲート艦ミシシッピ号単独でノーフォークを発って一七日目の一二月一一日夕刻、陸地が見えた。マデイラ島である。その間にペリーは海軍長官に公式書簡を送り（一二月一四日）見解を明らかにしている。

ペリーが琉球に海軍基地を確保したい、と考えていたことは記した。

「この群島は、日本帝国の諸侯の中でも最も強力な薩摩侯の管轄下にある。同侯は、かつて慈悲心から来訪した非武装のアメリカ船、モリソン号を領地内のある港におびき寄せ、急遽構築した砲台から砲撃した人物である。薩摩侯は、服従を強制するいかなり権力よりも、むしろ素朴な島民を恐れさせる威力によって、自己の権力を行使している。島民は長い間、政策上の目的から、武装を解かれているため、その意図があったとしても、支配者の過酷な圧制に反抗する手段を持たない。

さて、私の思うところ、この群島の主要な港を占拠することは、わが国の軍艦の便宜のためにも、いかなる国の商船であれ、その安全な停泊のためにも、道徳上の最も厳格な規範によって正当化されるばかりでなく、厳正な緊急性の関連からも考慮されるべき処置である。そして、この主張は、たとえ文明に伴う悪徳が住民の間に必然的にもたらされるにしても、彼らの境遇の改善という確実な結果にかんがみ、いっそう強められるであろう」

モリソン号が非武装を示すためわざわざ大砲を外して接近したところ、砲撃されてしまった。そのこと、への反省がある。この文の後、自らアフリカ沿岸やメキシコ湾で多くの都市や村を服従させてきた実績を語り、「わが海軍が退去する際には、彼らはかつての敵に対して、感謝と好意を示してくれたものである」と豪語している。

「大英帝国はすでに、東インドや中国の海湾（略）を手中に収めている。彼らはシンガポールによって南西の、香港によって北西の門戸をおさえ、ボルネオ東岸のラブアン島によってその中間地点をも支配」と英国に対する危機感を強めている。

ナポレオンが住んだ家

マデイラを出航し、さらに三週間が経った。一八五三年一月一〇日正午にセントヘレナ島のジェームズタウンに到着。「ナポレオンが流された無人島」と思っている人が多いと思うが実体は違う（二〇一六年九月には空港まで出来た）。

「近づくにつれてこの島は、六〇〇～一二〇〇フィート（約一八〇～三六〇m）ぐらいの、ほぼ垂直に近い切り立った崖に取り巻かれているのが分かる」

つまり火山島だ。当時のジェームズタウンは「唯一の町および港で、人口は約二五〇〇人」。しかし「島内は豊かな緑におおわれ、肥沃な土地が、非常に多くの泉によって灌漑されている」。果実が実り、花々が咲き、牛、羊や山羊が牧草地で草を食んでいる。野菜が生産され、魚も豊富。熱帯だが室内では摂氏一六度～二三度、戸外では冬（六月～九月）は摂氏一一度まで下がることもある。沖縄よりも自然環境は良さそうだ。

『ペリー提督遠征記』はナポレオンが住んだ家について次のように記す。

「こうして見てみると、身体的な快適さの面では、セントヘレナ島は最悪の牢獄ではないことが分かる。そしてこの環境が、ここに骨をうずめた、かの有名な囚人の怒りの抗議を呼び起こしたとすれば、その不満は、けっして彼を侮辱することのなかった自然環境ではなく、狭量な人々のつまらない無礼や、荒れた心を抑えるいらだちに発したものだろう。彼の心は、この隔離によって強いられた孤独と、以前の、群衆と交わり人々を支配し、魔法のようにヨーロッパの運命を動かしていたこととの対照を痛感したのだろう」

ナポレオンのいた家はジェームズ渓谷を上がっていったロングウッドという台地にあった。「この傑出した人物が五年以上住み、そこで息をひきとったというみすぼらしい建物をながめていると、地上の栄華のはかなさを痛感せずにはいられなかった」

ポールとヴィルジニー

ペリーはその後、モーリシャスの首都ポートルイスを訪問した。「遠征記」では、ベストセラーの『ポールとヴィルジニー』にわざわざ一項を設けている。艦内での気晴らしは読書と食事くらいしかなかったに違いない。

『ポールとヴィルジニー』（ベルナルダン・ド・サン・ピエール著、田辺貞之助訳、新潮文庫）はナポレオンも愛読していた。その解説（サント・ブーブ）の中に彼の発言を見つけた。この本は一七八八年に書かれて大評判になったが、解説によると一八五二年（注、まさにペリー航海中）再び「世の称賛を浴びることになった」。フランスの港町ル・アーブルでベルナルダンのために「彫像を建立し、国祭のような盛儀で除幕式を挙行した」。

小説の舞台は「マダガスカルの東数百海里にある絶海の孤島、その名をフランス島」というから今のレユニオンだろう。いずれにしても東へ向かう船は、当時はアフリカの喜望峰を回る航路をとらざるを得なかった。喜望峰沖の荒れる海を無事通過すればインド洋へ達する。

当時の船員たちは次のような危機に何度もあったに違いない。

「見わたす海のようすは、暴風の長びきそうな兆候を、まざまざとしめしていました。空は海とのけじめもつかず、そのはてからたえずおそろしい形をした雲がちぎれて、鳥のようなはやさで中天を横ぎっていきました」

彼らにとってポールとヴィルジニーの運命は他人事ではなかった。最後の場面。パリにいたヴィルジニーが帰って来る。しかしポールの目の前で彼女を乗せた船が珊瑚礁にぶつかり難破する。

「ヴィルジニーを助けに行かせてください。さもなければ死なせてください！」とポールは絶叫する。しかし彼女は着物を脱いで海へ飛び込むことを拒否する。

「ヴィルジニーはついに死の避けられないことを知って、片手で着物をおさえ、片手で胸を抱き、澄んだ眼で天をあおぎました。その姿は、さながら、空へ飛びたとうとする天使もかくやと思われました」

ナポレオンは著者ベルナルダン・ド・サン・ピエールの姿を見かけるたびに、よくこういった。

「ベルナルダン君、別の『ポールとヴィルジニー』や『インドの藁家《わらや》』をいつ読ませてくれますかね。五ヵ月ごとに新しいのを見せてくれなければいけませんよ」

『ペリー提督日本遠征記』では、著者ベルナルダンは「一七四四年にモーリシャスに駐屯していた守備隊の一士官だった。当時、島を取り囲む珊瑚礁のひとつで起こった悲劇を素材に、この興味深い小説を著したのである」と記している。

なおハーマン・メルヴィルの『白鯨』は一八五一年（ペリー出航の一年前）にアメリカで出版されている。長期の航海の慰めとしてこの本が艦内で読まれていた可能性は高いと思う。

艦内の生活

ペリーの日本遠征はアフリカ回りでインド洋、さらに中国沿岸、琉球、日本のルートを辿った。セントヘレナを出たミシシッピ号はケープタウンで石炭を補給し、牛を一二頭、羊を一八頭買い入れた。冷蔵庫がない時代はこうして停泊地で「動く食料」を買い入れながら航海を続けた。当時からスープや肉、野菜の缶詰はあったが、時として食べられないことがあった。

ロシアのプチャーチン艦隊はペリーにやや遅れて長崎に到着した。同行した作家の報告を見てみよう。『ゴンチャローフ日本渡航記』（講談社学術文庫）によれば……

「（缶詰を時として食べられないのは）販売者どもが買い手の信用を悪用するからである。それに検査するわけにもいかない。つまり、びっしりと密封して鉛で閉じてある箱をいちいち開けたりはしないからだ。海上に出ると、やがて牛肉の味が仔牛肉の味に似てきて、仔牛肉は魚肉に、魚肉は兎肉に、こうしていっさいの味が似ても似つかぬふうに変ってしまう。そうして、これらはすべて一様に同じ色と匂いをもつことがしばしばである。フランス人はもっと上手に缶詰を製造するそうだが、私は知らない。私たちはイギリスで仕入れてきたのである」

ゴンチャーロフは有名なロシアの作家。ぐーたらの独身貴族を描いた「オブローモフ」で今も知られている。

航海中、船員たちは荒れ狂う海に耐えながら、船内では狭い部屋で休み、不潔な生活、男同士のうるおいのない毎日を過ごさざるをえない。楽しみがない中で作家の不満が出ている。肉、ボルシチ、ウォッカなどの豪華な食事は望めない。缶詰はまずい、食えたものではない。まして味覚音痴?の「イギリスで仕入れてきた」ものならば何の期待も持てない。

ロシア艦隊が長崎に入る。しかし上陸は許されない。海岸をながめながら、みんなが退屈している。

「男爵は、せめて女を見ることぐらいは叶わぬものかと思いながら渋い顔をしている。彼氏はとうにあらゆる日本の小舟に目を光らせてその数々の裸体の中に、舟子たちのように赤焼けしない、ごつごつしない肉体を物色していた。男たちの髷や羽織が彼氏をときどき悲しい錯覚に陥れるのであった……」

ロシア艦隊はペリーと違い、紳士的にふるまっていた。ストレスが溜まったことだろう。

一方、アメリカのペリーは「ドアを足蹴にしてぶちやぶりピストルをつきつけるような西部劇のやり方」だった(司馬遼太郎『幕末維新のこと』ちくま文庫)。

オランダの露骨な牽制策

イギリス、アメリカ、フランス、ロシアの日本への急接近に対して、従来日本の貿易を独り占めしてきたオランダが黙っているはずがない。『遠征記』の序論では念入りにオランダのやり口を批判している。「当時ポルトガル人に共鳴していた日本人キリスト教の根絶に手を貸した」ことは既に述べた。イギリスが近づいてきた時には「国王チャールズの妃はポルトガル王の娘である」と告げ口した。あの、にっくきポルトガルですよ、と日本政府に注意を呼びかけたのだ。

突然思い出したことがある。半世紀前！　夏休みに熊本大学の友人と天草を旅した。彼が当時の学生としては珍しく小型の中古自動車を持っていて、車で廻ったのだ。各地で学校を訪ね、体育館でマットを借りて寝た。天草の小中学校の教員はほとんど熊本大学出身だから「熊大の学生です」というと気安く泊めてくれた。

早朝、両脇に畑が続く道を走っていると歌声が聞こえてくる。畑の中にぽつんと小屋が建っていた。車を停めて近づくと粗末な教会だった。中では頭にベールをかぶった農婦たちが讃美歌を歌い、胸の前で十字を切っていた。天草ではまだキリスト教が生きていた。

未舗装の道を上り、峠を越えると海に迫り出すように崎津の教会が見えた。直射日光が刺さる土埃の道、真っ青な青空、そしてはるかに見下ろす海辺には黒ずんだ教会の建物、屋根にそびえる白い十字架。絵葉書でしか見たことのない外国のような風景だった。みやげもの屋ではポルトガルの絵柄の財布を売っていた。

数年後、天草でファドの女王、アマリア・ロドリゲスをポルトガルから呼んでコンサートを開いた、と聞いた。「暗い艀《はしけ》」(代表曲)と明るい天草の太陽が響き合ったことだろう。

ペリー遠征記に戻ろう。

オランダによるいやがらせの話だ。ポルトガルを追い出し、ほかの欧米諸国を日本が寄せつけないようにさんざん企んだあげく……。アメリカが「オランダ抜きで」日本との条約交渉に成功すると、横やりを入れてきた。日本の開港のために、「オランダ政府がこれまでに行ってきた、不屈の私心なき努力を世に公表する」と公式文書で宣言し、アメリカに最大に恩を着せようとしたのだ。

『遠征記』では、「歴史の真実を尊重するためにも、この途方もない文書について、少し論評しなければならない」と記す。決して許さない、という態度だ。

そこには一八四四年、「当時のオランダ国王ウィレムⅡ世は、日本の皇帝に一通の書状を送った」「蒸気船の導入で、日本近海における交易がますます盛んになってきたこと、そのため厳格な鎖国政策は日本に危険をもたらす可能性があることに注意を喚起した」とある。

その上で、「日本に対して『外国人を排斥する法律を緩和するために私心なき助言』を呈し、もし皇帝(注、日本の将軍のこと)が望むなら、オランダは使節を派遣し、日本がなにをすべきかについて十分な説明をしようと申し出た」。

翌年、「皇帝」は返書を送り「断固として、鎖国政策を変更する意思はない」と答えた。オランダ側はしめた、と思ったに違いない。これでオランダの独占は決まり。実際にこの後七年間、ペリー来航の前年（一八五二年）までなんの動きも示していない。

加えてご丁寧に「文明諸国」に対して「日本海域および沿岸の地図の制作を禁じ、難破した日本人水夫がオランダ船もしくは中国船以外の船で母国に戻ることを禁じるという日本の布告」を告知する。

イギリスもアメリカもロシアもだめ、わがオランダ船と中国船だけが日本人漂流民を運ぶ権利がある、とＰＲしたのだ。

大琉球島那覇への初訪問（一八五三年五月二四日）

ペリー艦隊がベルナルダン・ド・サンピエールのかつての任地モーリシャスを出たのが一八五三年二月一八日、セイロン、シンガポール、香港、黄埔、広東を経て、話を一挙に琉球に近づけよう。

五月四日に上海に到着したミシシッピ号は、石炭や食料の積み込みのほか、「異例のことではあったが、今回は、琉球諸島で使うための中国の『銅銭』五トンあまり」を積み荷に加えた。ミシシッピ号、旗艦サスケハナ号、サプライ号が琉球をめざすことになった。サラトガ号はマカオから通訳のウィリアムズ博士を乗せて琉球で合流予定。

一八五三年五月二六日（木）朝七時半、陸地が見えた。

「その北端は海から徐々に高くそびえる断崖であり、南方が深く切れ込んだ岬となっている。艦隊がこの島のそばを通過する際には、緑の森がはっきりと見え、その向こうにはさらに別の

琉球の墳墓（『ペリー提督日本遠征記』）

島があった」

これが沖縄本島であった。その日、ペリー艦隊は那覇港内に停泊した。サスケハナ号、ミシシッピ号と続き、夕方になってサプライ号、サラトガ号が入港した。ある士官は次のように記している。

「海上から眺めると、この島の海岸は緑が美しく、鮮やかな緑の森や耕地があって彩り豊かである。雨のためにその風景の色彩はなおいっそう輝きを増し、豊かなイギリスの風景を思い起こさせた」

「丘にはところどころ白い斑点が存在していて、はじめは住居かと思われたが、やがて石灰岩の墳墓であることが分かった」

いまも沖縄を訪れる観光客を驚かす大きな亀甲墓である。

艦隊の訪問を歓迎したのは「奇妙な形に突き出した岩の上」（注、現在の那覇市波の上）にある一軒の家のそばの旗ざおに掲げられたイギリス国旗のみであった。宣教師のベッテルハイム師の住居であった。旗ざおの下には艦隊の動きを監視する二つの人影。望遠鏡を通して陸地を伺うと、「多数の人が白い傘をさして町から逃げていくのも見えた」。

数艘の小舟は、ペリー艦隊到着の報告を携えてすでに薩摩へ派遣されたに違いない。投錨して二時間後、二人の役人を乗せた小舟がやってくる。提督は彼らに会うことを拒否したためおとなしく帰っていった。

翌日、四艘の小舟が岸を離れて近づいて来る。「牛一頭、豚数頭、白山羊一頭、鶏数羽、野菜と卵」を贈り物として載せていた。しかし、またも乗船を拒絶される。

提督はこの島の踏査を決定し、三つの隊を結成する。一隊は島内へ、二隊は海へ。ひとりだけ文官で搭乗を許されたベイヤード・テイラー氏は、手始めに港内を漕ぎまわり、礁湖の美しさに目を見張る。

「青、紫、薄緑、黄、白が華麗なぼかし模様になって波間にひらめき、崖の縁には様々な形状の植物が群生し、海面下を流れる潮流によってできた谷に垂れ下がっていた。そのような水路や珊瑚の森のあいだを、まじりけのないラピスラズリの矢のように、青い魚があちらこちらと行き交い、目のくらむようなエメラルド色をし、尾と鰭の間が金色をした魚がアラビアの物語の緑の鳥のように手をすりぬけていった。（略）詩や寓話の題材となるあらゆる海の驚異のうちでも、この眺めは最も美しいもの

那覇の街路（『ペリー提督日本遠征記』）

だった」

上陸した士官たちの印象を記す。

「郊外の曲がりくねった小道をしばらくたどっていくと、那覇から首里にいたる広い舗装道路に出た。それは、イギリスのマカダム耕法（注・砕石舗装）の道路にも劣らないほど立派な公道だった」

「島民は群がってわれわれが通り過ぎるのを見ており、近づくとあとずさりして、後ろからぞろぞろくっついてきた」


三〇日（到着四日目）、ようやく琉球政府要人が旗艦サスケハナ号を訪ねてくることになった。ごくありふれた伝馬船が一艘、サスケハナ号に横付けされた。水夫は制服を着て待つ。琉球王国の摂政である威厳のある老人が、二人の役人に付き添われて姿を現した。両手を胸で組み、身体と膝とを深々と曲げて、相手に対して頭をやや反らす。ほかに六～八人の役人と一二人ほどの随員たちも艦上に現れた。三発の礼砲が発射されたため、仰天して膝をついてしまうものまであった。提督と一時間半ほど会談し立ち去る。

翌週の月曜日に首里の王宮を表敬訪問することが決まった。

同日、ペリーは陸上に家屋を確保すべく二人の士官を遣った。海岸に小屋を建てるのが目的であった。二人は集会所らしい建物の塀をよじ登り裏手より門をこじ開ける。一人の役人頭が通訳を介せず次のように言い放つ。

「Gentlemen,Doo Choo man very small,American man not very small.I have read of America in books of Washington-very good man,very good.Doo Choo good friend American.Doo Choo man give American all provision he wants. American no can have house on shore.

〈要約―琉球人は小さい、アメリカ人は小さくない、私はワシントンについて本で読んだ。とてもとても良い人だ。琉球とアメリカは良い友達。琉球人はアメリカ人が望む食糧を全て与える。アメリカ人は海岸に小屋を持つことはできない。―緒方・仮訳〉

通事の板良敷朝忠であった（ジョージ・H・カー『沖縄―島人の歴史』）。

ペリーは、琉球へは五回、日本本土へは二回訪問した。

①一八五三年五月二六日～六月一四日　琉球　一回目

②この間（六月九日～一八日）、サスケハナ号はサラトガ号を曳航してボニン（小笠原）諸島

③六月二三日～七月二日　琉球　二回目

④七月八日～一一日　日本訪問・浦賀

　一二日～一四日　久里浜上陸

　一五日～一七日　江戸湾

⑤七月二五日～八月七日　琉球　三回目

この間、いったん中国大陸まで引き下がる（アメリカに帰ったわけではない）。

⑥一八五四年一月二〇日～二月七日　琉球　四回目
⑦二月一一日～六月二八日　日本再訪　横浜、下田、箱館
⑧七月一日～一七日　琉球　五回目
全艦隊がこの通りに行動した訳ではない。一部が琉球に残り、ほかが日本本土へ向かう、あるいは先に台湾に出発するなど、目的によって各艦船の行動が違う。


ペリーが日本遠征の前に読んだチャールズ・マクファーレン著『日本　一八五二』（草思社文庫）はイソップ物語を引きながら、日本開国を正当化している。飼い葉桶の中に寝そべって、牛に藁を食べさせなかった意地悪な犬の話だ。

「我々はその犬のせいで食事が出来なかった牛のようにいつまでも辛抱強く我慢を続けるわけにはいかない」

「日本や支那や安南（ベトナム）のような国々は、他の国から強制的にそのやり方を変えられても仕方がないのだ。日本という国は交通の要路に位置している。道の真ん中でいつまでも障害物になっているわけにはいかないのだ」

いかにもペリーらしい、いや現在のトランプ大統領にも通じるアメリカ・ファーストのわがままな考え方ではないか。

田中優子の『近世アジア漂流』（朝日文庫）で「琉球ほど純情な国はない」という記述を見つけた。引用の引用になるが、『和漢三才図会』３（平凡社東洋文庫）によれば

「夷狄の諸国で、朝鮮ほど礼儀ある国はなく、交趾（コーチ、今のベトナム中部）ほど土地の肥沃な国はなく、韃靼ほどあらあらしく勇ましい国はなく、倭奴ほど悪賢い国はなく、琉球ほど純情な国はなく、真臘（今のカンボジア）ほど富有な国はない」

田中は「さすが中国官僚である。じつによく観察された的確な評価に思える」と評している。また「朝鮮や琉球やアイヌに対する江戸幕府官僚がとった国家としての態度にも、ぴたりとあてはまるのである」と。すなわち倭奴＝日本国家は「悪賢い」。

中国にとっては、手に負えぬ悪ガキが日本、純情可憐な乙女が琉球！　琉球が「純情」であったとは思えないが、少なくとも大国に対して武力ではかなわず、知力も財力も及ばない。そこでは「純情」を装うしかない。

赤瀬川源平の『老人力』（注、強さではなく、度忘れなどを含めた弱点を評価した）をもじって言えば、琉球は「純情力」で勝負してきた―あるいは勝負してこなかった―のだ。争わない、咎めない、無理しない、逃げ足が速い、計画など立てない・立てられない、面倒なことには関わらない。

大国に囲まれ、次から次へと青い眼や黒い眼があらわれて、あーしろ、こーしろ、と上から目線で言われ続けられれば、「もの呉ゆ人が主」（ものをくれる人が主人）という態度が染みつく。はいはいあなたの言う通りにしておきましょう、という素直？で可愛い？「純情力」も育とうというものだ。

勝海舟の回想

ちょっと時代が下るが、勝海舟が明治二九年（一八九六年）から三二年までの間に語った回想がある。『新訂海舟座談』（岩波文庫）によれば

「初めて軍艦が来たのを見に行ったよ。一八（三一歳？）の時でネ。今の壮士サ。六、七人連れでいったよ。その時は、大変な騒ぎサ。ポーハタン、ミスシッピーの二艦と、そのほかは帆前船サ。あれは、米国に行った時に、よく調べたが、第一世ナポレオンがヘレナ嶋に流されてから一七年目に、欧米各国の公使が寄って、相談をしたのサ。段々食えなくなるので、東洋の方に貿易を開こうということに決議になって、英仏が先ずやって来た。この頃はシナ、インドが目当てサ。するとシナで林則徐という攘夷家がおって、亜片《あへん》の騒ぎから戦争が起って、かれこれしているうちに、アメリカは、後尾であったが、あちらからずッと日本へ来たので、先が後になり、後尾が先になったのサ。その前に、オランダからも、（幕府へ）手紙が来ているけれども、（幕閣は）信じやしない。これはこう言うて、はめるのだと思ってるのだもの」

米国側の「日本遠征」に至る事情はこのシリーズで探ったが、「欧米各国の公使」が東洋進出を相談していたのは知らなかった。アメリカが日本にやってくる噂は以前から流され、横井小楠は浦賀という地名まで聞いていた。しかし幕府の役人はオランダに「はめられる」と疑っていたようだ。

２．琉球各地を調査したペリー

大琉球奥地調査

ペリー艦隊から派遣された一団は、一八五三年五月三〇日から六月四日にかけて、「島を横ぎって東海岸にいたり、海岸線に沿って北上し、島内を通って帰還する」計画を建てた。王宮を訪問する前のことだ。最初の調査隊の派遣は六日間行われた。

二回目は同年一二月一五日から翌一八五四年一月二八日までの四四日間、三回目は一月三一日から二月四日までの五日間。二回目以降は「遠征記」には簡単に記されている。「それ以降については「亜人来着ニ付日記」（『琉球国評定所文書』第八巻所収）に詳しい記述がある。これらの記録によれば、調査対象地域は、那覇や首里城周辺にとどまらず、沖縄本島南部（注、中部）に位置する中城城址《なかぐすくじょうし》や北谷村《ちゃたんそん》、北部の大宜味村《おおぎみそん》周辺にまで及んでいる。この間、ペリー自身は艦隊を率いて中国海域に出向いた時期もあるが、調査は残された部隊によっておこなわれた」（西川武臣著『ペリー来航　日本・琉球をゆるがした四一二日間』中公新書）

「ペリーは調査隊の指揮官をつとめたジョーンズ牧師に『琉球で石炭が産出するかどうかは大変重要な問題である』と語っている」、「一八五四年二月一日に沖縄本島北部の塩屋湾に面した地域で試掘がおこなわれたが、この時は石炭を見つけることはできなかった」（同書）

陸上の調査隊はやりたい放題。もちろん海上は沖縄本島付近を全部廻ってめぼしい湾の水深などは完璧に調査済み。ペリーが海軍基地を確保するつもりであったことは確かだ。この時から沖縄は米国に目をつけられていた、と言える。

一日目（五月三〇日）　那覇〜キャンプ・ペリー（首里東方）

まず那覇から首里へ向かう。常に役人が見張っていた。

「平野にはいたるところに稲が植えられ、あちこちにある丘陵も、ほとんど頂上まで段畑になっている。水は人工の運河によって、入念に畑から畑へと引かれている。小川の緑には密生したバナナの垣があり、島一面に点在する円丘は、琉球松の林におおわれていた」

さらに進むと護衛たちの顔が険しくなった。要塞の門が近づいたのだ。しかし一行はそこには入らず、東南東をめざす。

「角を曲がるたびに、役人の斥候が先に駆けてゆき、行く手にいる住民を追い払った」

彼らは疫病神が通った後のように静まり返った道を進む。木々が密生する森を抜けて丘の上に出た。ピニョ（辨ヶ岳）と呼ばれる所（注、現在の弁ヶ嶽）で小休止。画家のハイネは風景をスケッチし、また「ライフルで的を撃って、われわれを見物しに集まってきた四、五〇人の島民をびっくりさせた」

弁ヶ嶽は御嶽《うたき》の一つ。定期的に訪れる門中（ファミリー）がいる。線香などを焚き、そのまま残していかないように注意書きがある。沖縄で使う線香は何本かくっついている。横幅はパソコンに挿し込むUSBくらい、長さは三倍。

丘の頂上に上ると、眺望が開け、はるか下に首里城が見える。風水の考えで言うと、ここが穴《ケツ》にあたり、首里城を守っている。水平線上には渡嘉敷島・座間味島などからなる慶良間諸島が見える。海岸から島々の間の海を、墓や屋敷の前にある風水上の池に見立てている。

『遠征記』に戻ろう。

分水嶺に達すると「眼下に、東に向かって壮大なパノラマが開けた」。そこを降りて灌漑用の小川にかかる橋の上で休んでいると、案内役の老人がやってきて、そろそろ艦に帰る時間だと身振りで示した。彼らはやはり身振りで、あと五、六日は帰艦せずさらに北へ進むと答える。役人たちは仰天する。目を離さず見張りを続けるには役人たちも付き合うしかない。

一行はしっかりと中城湾の様子をスケッチしている。そして水面の様子から（浅くて）軍事上の目的には役に立ちそうもない、と観察している。

ペリーの旗立岩〜中城城跡

二日目（五月三一日）　キャンプ・ペリー〜具志川

探検隊は野営地をキャンプ・ペリーと名づけた。険しい丘を登って北へ向かう小道を進む。旧具志川の半島を縦走する分水嶺に達する。松林を抜け、ときおり島民の小屋の前を通り過ぎる。こういうへんぴな所にまでペリー探検隊が訪れることを役人が知らせたらしく住民たちは姿を消している。「いくつかの小屋をのぞいてみると、内側には煙ですすけた部屋がひとつあるきりで、調度もごく粗末なものだった」。地面から一五センチくらいのところに「竹のすのこが床のようにおかれ、その上に琉球人が寝床として使う厚い畳が敷いてあった」。

バナー・ロック
(『ペリー提督日本遠征記』)

分水嶺の北側に、ほぼ円形の大きな墓を見つける。

「そこから、やや西に曲がっている道を二マイルほど進むと、松林の中にそびえたつ奇妙な形の岩に出くわした。その頂は鋭いのこぎりの歯のようで、峰より七〇から八〇フィートも高くそびえていた。第三紀石灰岩でできたその奇岩は、風化してハチの巣のようになっており、目をみはるようなおもしろい眺めをていしていた」

探検隊はてっぺんまで登り、旗を立てた。

「その間、部下たちは下で礼砲を撃ち、三度歓呼の声をあげた。われわれはこの岩を『バナー・ロック』(旗岩)と命名した。現地人たちはわれわれの行動をどう解釈すべきか分からないようだったが、困った様子はまったくなかった」

この岩は今でもそのままの形でそびえている。首里から高速道路に乗って約五～六分過ぎると、右側に大きなアンテナが三本見えてくる。そのすぐ下だ。おむすびの形をしていて、左の四分の一に深い割れ目が入っている。岩が二つに分かれているので地元ではターチ岩、と呼ばれていた(沖縄の一つ、二つ、三つはティーチ、ターチ、ミーチという。ターチ岩は二つ岩のこと。真横を通る時にはっきりと割れ目が見える。やがて中城インターの表示が出てくる)。

「バナー・ロックを出発してから一時間もしないうちに、われわれは古代の城塞を発見して驚いた。城塞は中央分水嶺の支脈の頂上に、湾を望むように位置を占めていた」

中城城址

現在、世界遺産に登録されている中城城址を、一二月の、沖縄ではやや寒い日に訪れてみた。つわぶきの花が石垣の根元を飾っている。行く先々で黄色い小さな花が出迎えてくれた。ペリー探検隊の一行が訪れたのは五月。点々と散らばったつわぶきの花を見ることはなかっただろう。中城城址は廃墟のように樹木の陰にひそみ、石垣にはガジュマルの気根がはびこっていた、に違いない。

探検隊は平面図を作成し、画家のハイネは数枚のスケッチを描いた。彼の見た石垣はそのまま中城城跡に残っている。彼らは二重のアーチや、楔石《くさびいし》を使ったエジプト式のアーチに注目した。材料は石灰岩で、立派な構造の石造建築、と評価している。

二〇一七年五月に中城城址を再訪した。近くの分水嶺にある「峠の茶屋」という店で昼食をとった。その時、店の女主人から「おばあちゃんが（自分の）ひいおばあち

中城城の石垣
（『ペリー提督日本遠征記』）

ゃんから、ここをウーランダーが通った、と言いよった」と聞いた。本人からさかのぼって五代目の祖先が白人の一行を見ていた！　一六四年前の出来事だが、店の外をペリー探検隊が歩いているような気がした。

ペリー一行は平地をしばらく歩いて稲田に下ると、初めてサトウキビを発見し、モロコシあるいはアワ、合衆国では「ブルームコーン」として知られる三種類の穀物が植えられているのを見た。

「村に入ろうとしたとき、二つの奇妙な石が立っているのに出くわした。大きい方は四フィートほどの高さで、その特異な形から、すぐにリンガ、すなわち男根崇拝の表象だと思いあたった」（これがリンガならば琉球にまでヒンズー教の影響が及んでいたことになるが、現在この石はどこにも見当たらない。小さな丸い形の安産祈願の岩が残っているようだ。これは機会を見て探すつもり）

この日に同様の石をさらに二つ見かけた。一つは横倒しになっていた。

「二マイルほど隔たった背後の丘の斜面一面に穴が掘られ、エジプトやシリアの墓を簡素にしたような岩の墓が作られている」

探検隊は、これらの事実からして古代にはジャワなどの種族が住んでいたことを示しているように思われる、と推測している。

長崎の出島

出島のウーランダーたち

『青い目が見た琉球』（ラブ・オーシュリ、上原正稔編著、照屋善彦監修、ニライ社、原題 GREAT LEWCHEW DISCOVERED 19th Century Ryukyu in Western Art and Illustration）には当時の琉球の高官や庶民の姿、城跡や墓、橋、村の様子が描かれている。

これは挿絵画家が見たままのスケッチだが、琉球を訪れる青い眼たちは、それ以前からかなりの知識を持っていた。その一つがペリー遠征計画の基礎資料となったチャールズ・マックファーレン著『日本　一八五二』である。原題は「日本―地理と歴史　この列島の帝国が西洋人に知られてから現在まで、及びアメリカが準備する遠征計画について」。

著者マックファーレンはオスマントルコやインドの歴史にも詳しい「大英帝国の一流知識人」。日本を訪れたことはないが、多くの専門図書が手もとにそろっていた。「ラテン語、ポルトガル語、スペイン語、イタリア語、フランス語、オランダ語、ドイツ語、英語（略）」中でも長崎出島で暮らしたオランダ商館長や商館員の書いたものが「最も有益で、その内容も豊かなもの」と記している。訳者の渡辺惣樹氏によれば「出島に勤務したのはオランダ人だけではない。オランダは小国であり人口が少なかっただけに、有意な人材供給を外国に頼らざるを得なかった」。

幕府や長崎に住む日本人の目からは、オランダ人と見えた商館員には、イギリス人やドイツ人がいた。彼らは母国語で日本の経験を書いていた。例えば有名な出島の医師シーボルトはドイツ人。琉球では、欧米の白人を全てウーランダーと呼んだ。たしかに「白人の大男」だけではオランダ人かどうか区別がつくものではない。
『ペリー提督日本遠征記』に挿絵を描いているヴィルヘルム・ハイネはドイツ系アメリカ人。英語式にいうとウィリアム・ハイネだ。彼のおかげで琉球の奥地を探検した時の村や寺院の様子などが分かる。

三日目（六月一日）　具志川〜金武《きん》

「谷底には小川が流れ、岸に沿ってパンダヌスつまり偽パイナップルが林立していた」沖縄ではなじみのアダンである。タコノキとも呼ばれ、ヤシガニの好物だ。

「原生林には花はほとんどなく、それ以上に鳥も見かけなかった」。そして「島民が鳥を獲らないことを考えると、島全体に鳥がこれほど少ないのは奇妙だといえる」と感想を記している。無人島に植物が生えてくるには、波や風が運んでくる、飛んできた鳥の糞に種が混じっている、これを３ｗ（wave, wind, wing）と言うらしい。亜熱帯の森と水に恵まれた琉球で鳥を見かけなかったのは何故だろうか。

金武では「刈り込まれたジャスミンの生け垣に四角く囲まれた」庭を持つ公館に泊まる。昔から琉球ではジャスミンは茉莉花（むいくゎー）として親しまれ、花びらをお湯に浮かべて茉莉花茶（むいくゎー茶）として飲まれていた。

探検隊にはいつも監視がついていた。前日の日記によると「翌朝、日の出前に起きてみると五〇人か六〇人がたき火のそばで夜を過ごしたことが分かった」。監視兼案内人付きとはいえ探検隊はわがもの顔に沖縄本島を探索している。以下の記述は探検隊の性格を垣間見せている。

「バロウ湾は、その入り口以外はきわめて浅そうで、大型船の停泊地としての価値はあまりなさそうだった」

バロウ湾とは探検隊の命名で、金武湾あるいは中城湾を指す。彼らは地上から使える湾を探している。またこの一行とは別に船を出し、沖縄本島を一周し、詳しく暗礁や浅瀬などを調べている。海軍基地として利用するつもりだったので当然といえば当然だが。琉球はこうして陸も海も調べ尽くされた。

四日目（六月二日）　金武～恩納

彼らは深い峡谷を渡ったり、小道を上り、鬱蒼とした自然林を這うように進んだ。そして頂きに立ち「シュガー・ローフ（伊江島）と呼ばれる奇妙な島の峰」を望む。海抜一七二メートルの伊江島タッチューだ。城山《ぐすくやま》とも呼ばれる。

シュガー・ローフとは棒砂糖（円錐形の砂糖の塊。昔の家庭用）。沖縄では、現在の新都心で展開された沖縄戦最大の激戦「シュガー・ローフの戦い」の方が有名だ。

伊江島観光協会のホームページには「城山の地層は島より七千万年も古く、オフスクレープ現象（古い岩盤が新しい岩盤に滑りこむ中で一部が剥がれて新しい岩盤の上に乗る現象）によって形づくられています。この現象を見ることができるのは世界で伊江島だけです」とある。

伊江島タッチューの約三〇〇段の階段を登ったことがある。聖地として有名だが、世界で一

恩納番所
(『ペリー提督日本遠征記』)

つしかないオフスクレープ現象が見られる場所とは知らなかった。ちなみにこの近くはアメリカ海兵隊のオスプレイ訓練基地があり、南の普天間基地や東の高江のヘリパッドを結ぶ三角形をいつも飛び回っている。

一八五三年に戻ろう。

探検隊は重い荷物を持って、酷暑の中で汗もかかず一滴の水も飲まない現地のクーリーたちに驚いている。彼らは「だいたい一二歳から一六歳ぐらいの少年だった」。西洋人から見てアジア人は若く見えるのでもう少し歳は上だったかもしれない。

「午後の蒸し暑さの中でも、琉球人のクーリーたちは重い荷物を担ぎ、遅れないように歩いてきた。一方、怠惰で不平ばかり言っている中国人たちは、のろのろとあとからついてきた」

探検隊は少なくとも四つの地域を通ったが、それぞれが独自の特徴を持つ、と記している。

「この島には、熱帯林、北方の原生林、ドイツのような渓谷、地中海のような温暖な海岸が同居していたのである」

「岬の突端の絶好の場所に位置する公館は心奪われるような美しいたたずまいを見せていた」、

村はどこも「イギリスの田園のように整然として、垣根がめぐらされていた」、「中国の不潔さと汚らしさ」と比べてさわやかだった、と絶賛している。

夜営地には星条旗を掲げ、一行の周りには琉球人たちが火を焚き、「そのうち六人は終夜火のまわりに腰をおろしていた」。

五日目（六月三日）　恩納～北谷

どんよりとした天気。「朝食にはオキザヨリに似た二匹の長いウナギのような魚、小ナス数個、カボチャ二個、それにひと籠のサツマイモが提供された」

行程がひどく長引いている。案内の役人たちは「こちらが質問するたびに海岸沿いの道をさし、奥へ進む道をとらせないよう極力用心していた」

探検隊は、島の奥地を見せないようにしている、と推量した。しかしその疑念はあたっていなかった。やがて稲田に入り込み、膝まで泥に浸かるはめに陥る。雨が降り始め、二～三時間降り続いた。道は滑り歩きにくくなった。このへんには猪がたくさんいるとのことだったが一頭も見ることが出来なかった。

「ようやく二時半頃、合図の鉄砲の音が聞こえた。それからまもなく『チャンダコサ』（山田越し、喜名番所）の公館に到着した」

喜名番所は五八号線沿いに今も残っている。国道建設のために道が真ん中を通り左右に分かれてしまった。那覇から向かうと左手に、再現された茶屋がある。たたずまいはほとんど昔のままだ。右手は米軍基地の黙認耕作地。国道沿いの旧喜名番所跡は手つかずなので、発掘すれば面白い発見があるかもしれない。喜名は喜名焼発祥の地だ。一六七〇年前後から焼かれていたという。ペリー来琉の一八〇年ほど前から既に窯があった。喜名焼の窯は番所のすぐ先、その近くには一八四一年（ペリー来琉の一二年前）に建てられた瓦葺の喜名観音堂、すぐ横には農業の守護神・土帝君（トゥーティークー）が祀られていたはずだ。しかし遠征記はふれていない。

「その（注、喜名番所の）敷地内には、少なくとも一〇〇人ほどの現地人が群がって、ハイネ氏が鉄砲で的を撃つのをびっくりして眺めていた」

彼らは火縄銃しか見たことがなかったのだ。

「この探検の間、武器はいっさい見かけなかった。那覇と首里には日本の守備隊が駐屯しているということだったが、もしいたとすれば、われわれを警戒して避けていたのだろう」

これこそ琉球の得意技だ。中国から冊封使が来れば、日本文字の看板など出さず、常駐している薩摩の役人たちは現在の浦添市城間《ぐすくま》あたりまで引っ込んでしまっていた。あたかもここは中国に属し、日本の支配は及んでいないよ、と言わんばかりに。

六日目（六月四日）　北谷〜那覇

「公館の屋根瓦を打つ雨音でたびたび眠りが妨げられた。（略）道は水浸しになり、すさまじい嵐になっていた」

那覇へ向かって苦心して進む。マチナトゥ（牧港）（注、浦添市北部）と呼ばれる谷、あるいは川に達した。

「やがて松林でおおわれた高台から、港とアメリカ艦隊を見下ろすにいたった」

こうして六日間の旅は終わった。行程は約一〇八マイル（約一七三キロメートル）。沖縄本島の半分以上を巡る調査であった。

ペリーの首里城訪問（一八五三年六月六日）

王宮訪問を阻止するため、琉球側は様々な小細工を弄している。首里ではなく那覇を訪問してほしい、摂政が大宴会を開くので提督に出席してほしい、皇太后の病気が悪化するので王宮ではなく王子の宮殿にしてくれ、と懇願したがすべて失敗に終わった。ペリーは、このような策略はすべて日本政府（注、薩摩）がつけている密偵を満足させるために過ぎない、と確信していた。皇太后の病気などは真っ赤な嘘と考えた。「楽隊の随行する王宮訪問は皇太后の心を慰め、楽しんでもらえる」と応えている。

結局は総勢二〇〇人を超える行列を組み、王宮へ向かう。ペリーは当座のために作った恐ろしくもったいぶった轎《きょう》に乗っていた。赤と青の掛け布は琉球人をびっくり仰天させるものだ、と遠征記には記されている。

道路の両側にはぎっしりと人が群がり、行列を見つめている。

「行列の後ろからも群衆がついてきて、武装した海兵隊がいるのに、まったく恐れる様子もな

首里城を訪れたペリー一行
（『ペリー提督日本遠征記』）

く、目の前の光景をうきうきしながら見ているのがはっきりと見て取れた。行列が狭い小道を通るとき、住民たちは最前列にいるものは跪《ひざまず》き、次の列は中腰になり、最後列は立ったままで、誰もが行列を見られるようにした」

ここで沖縄の読者のために注を加える。ひざまずき、とは沖縄では正座をあらわすが、日本語では、文字通り膝をつくこと。日本本土の読者のために蛇足を加えると、沖縄では、誰もが、とは言わず誰がも、と言う。

王宮に近づくと、摂政は自分の邸宅に導こうとした。これが（王宮へ行かせないための）最後の抵抗だったのだが、通訳のウィリアムにたちまち見抜かれてしまった。一行は王宮へたどり着く。門が閉まっていたが、使者が遣わされ、あわてて提督の接待の準備が始まった。部隊は捧げ銃《つつ》をして、国旗を垂れ、軍楽隊は「ヘイルコロンビア」を演奏する。

謁見の広間に、士官たちが階級順に椅子につく。互いに挨拶を済ますと食事が運ばれた。

「非常に薄いお茶の入ったカップが賓客に出され、煙草盆が部屋中に配られ、ひどく堅いショウガ入りひねりクッキーがテーブルに出て来た。これを見ても、こちらが王宮によもや訪れてくるとは思っていなかったことが明らかだった」

一行を歓迎する用意はまったくないまま最初の王宮での応接が終わった。約一時間後、摂政の家に招待された。ここでは周到な準備が整えられていた。ご馳走の数々を紹介しよう。

「どのテーブルにも、ひとつひとつ大きさや形の違う二〇個くらいの皿がおいてあった。御馳走がどんな材料でできているのか、いまでもアメリカ人の誰も分からないものがあった。多分、豚だったろう。けれども、紅色に色づけして薄く刻んだ茹卵《ゆで》、巻いて油で揚げた魚、冷たい焼き魚の切り身、豚の肝のスライス、砂糖菓子、キュウリ、からし、塩づけしたハツカダイコンの葉、こまぎれの赤身の豚肉を揚げたものなどは、西洋人にもよく分かる料理だった」

さらにスープ主体の七品、残りの四品―生姜パン、モヤシと若いネギで作ったサラダ、籠に盛られた暗紅色の果物らしきもの（柔らかい砂糖の塊で、その上に薄い粉練りの皮をかぶせて作った手作りの団子）、炒めた卵と香ばしい味のする白い細長い根をうまく混ぜ合わせた料理―を頂いた。

「八種類のスープが出される間、酒は自由に回された。提督は固形食が出てくるのを見計らい、立ち上がって、母后と若い太守の健康のために乾杯しようと申し出、『琉球人の繁栄と、アメリカ人との末長い友好のために』と言葉を添えた。この言葉が翻訳されると、摂政は大変満足そうな様子で、立ち上がると琉球の礼式で杯を乾した。茶さじ一杯ほどの小さな酒杯を一気に飲んで、杯を伏せるのがここでの礼なのである」

一二番目の料理のあと、さらに一二品が供されることが分かったが、一同は謹んで辞去した。

日米の饗応合戦は、実は日本本土でも盛んに行われた。「横浜での日米和親条約締結についての話し合いの中で、日本側は昼食を出しました。一〇〇種類以上の料理を三〇〇人分出したと言われています。（略）二〇〇〇両を使いました」と、静岡県下田市の了仙寺境内にある黒船美術館のパンフレットに書かれている。二〇〇〇両は今の価値で二億六〇〇〇万円にもあたる。この後、アメリカ側も黒船に日本の代表団を招待して宴会を開く。牛・羊・鳥の肉、魚や野菜、果物。極上のワインやイタリア産のリキュール。日本人に好評だったのは「牛の舌」だったそうだ。

「翌日以降の話し合いでは、日本側の態度は非常に柔らかくなり、宴会から四日後には日本側は条約に調印しています。アメリカ側の接待は大成功だったようです。実はペリーは黒船艦上での接待にあたり、隊員に条約締結がうまくいくかどうかは、この接待にかかっていると語っていたそうです」（黒船美術館パンフレット）

琉球の摂政
（『ペリー提督日本遠征記』）

一八五三年に戻る。

摂政の通訳を務めていたのは、三年間北京で教育を受けた板良敷（朝忠）。アメリカの歴史や地理についての知識もあり、ワシントンの性格や行動についても知っていて、ペリー達を驚かせた。

初の首里訪問でペリーは満足した。

「提督は虚偽によって相手をだますことはなく、相手に対しても虚言や術策を弄して自分の目的を変更させることができるなどと考える余地を与えなかった」

もちろんこうしたやり方が通用したのは、軍事力を見せびらかして恫喝したからだ。

「琉球に滞在している間、陸海の軍事教練と演習はすべて毎日規則的に実施されていた」

街の様子については次のように語っている。

「これほど清潔な都市を私はいままで見たことはない。一片のごみや塵《ちり》も見ることはなく、中国のあらゆる都市の汚さとは非常に異なっている」

艦隊が出発する前に、「主計官たちを陸上に派遣し、（略）そのときまでに提供された物資の支払いを済ませた。ほかに「アメリカの綿製品を中心としたたくさんの贈り物を持参した」。琉球はこれまでの習慣を破ってこれらの報酬を受け取らざるをえなかった。

ペリーはこうしてひとつひとつこれまでの慣例を破ってゆく。狙いは以下の通り。

「今後、来訪者と受け入れ国は対等な立場に立ち、どちらも優位性を主張することはできず、また外国人に恩恵をほどこしてやったという理由から排他的政策を実施することもできなくなるだろう」

正なる弱者の善と（邪なる強者の）力の悪

ペリー一行の中にも「強行訪問」に心を痛める者がいた。通訳として中国から参加したウィリアムズ博士の感想を付け加える。遠征記にはない。

「正なる弱者の善と力の悪との争いだった。これ以上の侵害行為はいまだかつて、いかなる者によっても試みられたことがない。私はそんな場面にかかわり合う一人である事を恥じた。何らの力もなく、ただノーとしか言えない島民をあわれんだ。……こうして私は琉球の陸上で過ごすはじめての夜、不本意ながらも暴力と悪の片棒を担ぐ一人として、やっとの思いでその日の終わりを迎えるにあたり、せめて新鮮な外気に触れ得るのを嬉しく思った」（ジョージ・H・カー『沖縄　島人の歴史』）

3．三つのペリー上陸記念碑〈久里浜〉

凶星現われる

ペリー艦隊は小笠原諸島の調査を終え、再び琉球へ戻る。二回目の琉球訪問は一八五三年六月二三日から七月二日。その後、ようやく日本へ向けて出発する。七月二日の早朝に那覇を出港、七月八日は浦賀沖へ投錨、沿岸を測量しながら江戸幕府の回答を待つ。一四日には久里浜に武装兵三〇〇名と共に上陸する。驚天動地の黒船来襲のドラマが展開するのだが、このシリーズでは琉球にフォーカスしているので大部分をカットする。

ただしペリー艦隊が最初から断固として武力で「開国」を迫ったことは覚えておいて良い。「艦隊が（相模）湾に近づくと、提督からの信号が発せられ、たちまち甲板は戦闘にそなえてかたづけられ、大砲は所定の位置に据えられ、装弾され、弾薬が配備され、小銃が準備され、歩哨と各員は自分の部署につき、要するに、いつも会戦を前にして行われる準備をすべて整えたのである」

一ダースを超える大型船が漕ぎ寄せてきたが、無視して進んだのでたちまち彼らは取り残された。投錨する前から番船がたくさんやってきて艦隊を包囲しようとした。中には「もやい綱を無遠慮に投げかけてきた。彼らは鎖を伝って艦によじ登ろうとしたが、それを阻止するよう命じられた水兵たちが、槍、短剣、ピストルを見せつけて相手を牽制し、わが士官や水兵がきわめて真剣であることを分からせると、日本人たちは乗船の企てを思いとどまった」。

役人には「提督は最高位の役人としか面談しない」と告げた。横付けした番船のひとりが見事な英語で「私はオランダ語をはなすことができる」と言った。通訳は堀達之助だった。彼は浦賀の副奉行が同船している、と偽り、提督の副官との交渉が始まる。

番船はすぐに撤退させられた。大部分の船は海岸に戻った。しかし「なお数艘があいかわらず群がっていたので、一艘の武装艇を艦から派

久里浜の上陸記念碑

遣して退去するよう手まねで警告すると同時に、武器をかまえて威嚇した」。

オランダ語を介さなくても英語がペラペラのジョン万次郎がいた。しかし攘夷の親玉である水戸公から「アメリカのスパイ」と見なされ出番はなかった。ペリーはジョン万次郎が江戸で相談役として用いられていたことを知らなかった。万次郎は米国からの来訪者と接触することは禁じられていた。

陸上では一晩中、厳戒態勢が続く。

「目の届く限り海岸一面にかがり火が焚かれ、艦上の哨兵は一晩中鐘の音（注、警戒のため陸地で鳴らされている）を耳にした」

この夜、珍しい流星が南西の方角にあらわれた。

「艦船の帆柱、帆、船体、各艦から一斉に青い炎を発して燃えているかのように照らした。（略）その形は赤い楔型の尾を引く大きな青い球体で、その尾は灼熱する粒子から成っているのが容易に観察され、花火が爆発するときに現れる火花に似ていた」

何か悪いことが起こる前兆ではないか。ところがペリーは強気だ。

「古代人ならこの大空に現れた異変を見て、計画中の事業の吉兆と解釈しただろう。特異で孤立した国民を文明諸国の家族に引き入れようというこの当面の試みが、流血の惨事なしに成功するよう神に祈るわれわれも、そのように解釈したい」

安政の大地震は、翌年の安政元（一八五四）年一二月二三日に起きた。安政東海地震、マグニチュード8・4。三二時間後には安政南海地震。そして翌、一八五五年一一月一一日午後一

○時、江戸で震度６、マグニチュード６・９～７・４の直下型地震が起きる。死者は四○○○人余～一万人余。余震は一ヵ月続いた。旗本・御家人らの屋敷は約八○％が消失、全壊、半壊の記録もある。

ペリー来航以来の凶事が一挙に噴出した、と当時の人々は感じていただろう。

久里浜のペリー上陸地

二○一六年五月二二日、ペリー上陸の海岸を歩いてみた。沖縄は梅雨だが、ここ神奈川県の久里浜海岸は青空が広がっている。砂浜にはテントが並びバーベキューの煙が漂う。沖からゆっくりと白いフェリーが近づいてくる。水平線には少し霞がかかっている。

一六○年前、この海岸には緊張が漂っていた。

一八五三年七月一四日、アメリカ側は海兵隊一○○人、水兵一○○人、軍楽隊、士官一○○人の合わせて三○○人が上陸。日本側は総勢五○○○人が見守った。

「日本兵の隊列は海岸全体を取りまいて、はるか彼方の村のはずれから北側で湾を画している丘の険しい坂にまで達していた。さらに背後一面に張られている幕の陰や後ろにも、無数の兵士が群がっていた」

前列には歩兵、弓兵、槍兵。後方には騎兵の

久里浜のペリー館ではペリーサイダーを売っていた

大部隊が展開しているのが見える。ペリーは海兵隊、水兵に護衛されながら進む。両脇には背の高いハンサムな黒人が選ばれた。応接所で大統領親書とペリー提督の公式書簡を手渡す。無言のまま二〇～三〇分で儀式は終わった。ペリーが受け取った書簡には次のように記されていた。

「大統領使節の資格を持つ提督は、この地での書簡の受領を拒否されれば、自らへの侮辱と感じるであろうと察知され、そのことの正当性が確認されたため、上記の書簡は日本の法律を曲げて当地で受領されるものである」

『ペリー提督日本遠征記』には「日本は自国本意の排他的な法を破って、友誼という万国法に従ったのである」と誇らしげに記されている。

この後、ただちに退去してほしい、という日本側の要請を無視し、江戸湾まで航行した。そして羽田沖の測量を敢行。ペリーは来春の再訪を約束して日本を去る。すぐに琉球へ向かった。

北米合衆国水師提督伯理（ペリー）上陸記念碑

一九〇〇（明治三三）年一〇月、黒船の乗務員だったビアズリー退役海軍少将が、半世紀ぶりに久里浜の地を訪れる。しかし日米の最初の接点となった地は寂しい一漁村のままで、当時をしのぶものは何もなかった。ショックを受けたビアズリーは米友協会式典のスピーチで胸中を語り、感銘を与える。会長の金子堅太郎らの尽力で翌年には「北米合衆国水師提督伯理上陸記念碑」が建てられた。後に初代内閣総理大臣になる伊藤博文の揮毫だった。

碑の除幕式はペリー上陸と同じ七月一四日。時の内閣総理大臣・桂太郎をはじめ、アメリカ公使、アメリカ艦隊司令官などが出席した。翌年からは黒船まつりとして、久里浜村の行事となった（『ペリーと横須賀』横須賀市）。

以下は『ペリーと黒船祭』（佐伯千鶴著、春風社）によりながら書く。

一九〇〇年に元アメリカ海軍少将のレスター・ビアズリー夫妻が来日。（略）当時ビアズリーは一七歳の少尉候補生としてプリマス号に乗船していた。（略）夫妻の滞在中に歓迎会が開かれた。その席には司法大臣に就任した米友協会会長の金子堅太郎、西郷隆盛の弟の西郷従道海軍元帥らが出席した。満場一致で記念碑建設の決議がなされ、内外から二万円の義捐金が集まった。

翌年の七月一四日の「記念碑除幕の式典にはペリーの孫に当たる北米合衆国アジア艦隊司令官のフレデリック・ロジャーズ少将がアメリカ海軍を代表してアメリカの白色の軍艦三隻ニューヨーク、ヨークタウン、ニューオリンズを率いて、前フィリピン総督であったマッカーサー（注、ダグラス・マッカーサーの父、アーサー・マッカーサー・ジュニア）とともに参加した」。

4．三つのペリー上陸記念碑〈伊豆下田〉

二ヵ月近く滞在した港

下田といえばハリス、という思い込みが強く。ペリーが寄ったことを忘れそうになっていた。

ペリーは「外海に近いこと、たやすく安全に近づけること、出入りが便利であることを考えるとき、あらゆる必要な目的を満たすのに、これより望ましい港を選ぶことはできなかったであろう」（遠征記）とまで褒め称えている。

一八五四年四月一八日から六月二八日の朝まで、途中の箱館訪問を除いても二ヵ月近く滞在している。江戸から陸地をたどれば五日、しかし蒸気船では一日。ペリーがポーハタン号に乗って江戸湾を出発したのが四月一八日の朝四時、午後三時一三分すぎに下田港に着いた。

東京から新幹線を利用して熱海駅へ、乗り換えて伊豆急下田駅まで三時間半もかかる。特急に乗れればもっと早いが。たいていは各駅停車だ。私が上京する時は、神奈川県高座郡倉見の妻の実家に泊まる。富士山が東京よりはだいぶ大きく見える。そこからでも三時間以上かかる。新幹線が使えないからだ。快速や特急がうまく来ても最速で二時間一五分。

二〇一七年二月一四日。晴れ。九時四四分の相模線で倉見駅から茅ヶ崎駅へ。東海道は戸塚横浜間で架線事故のため四〇分遅れ。快速アクティも、熱海からの特急踊り子もあてが外れた。到着は一三時一五分。事故のせいとはいえやはり三時間半かかった。途中の河津では桜並木がいっせいに花を咲かせている。ちょうど沖縄の桜のように赤い。調べてみると「オオシマザクラとカンヒザクラの自然交配種と推定」とのこと。二月一〇日～三月一〇日が桜まつり、と車内のポスター―にあった。

進行方向左手に海が開け、伊豆大島が見える。空も海も青くとても冬景色とは思えない。伊豆下田駅に着くと、左に切り立った山が見える。寝姿山だ。

『遠征記』には次のように記されている。宿舎の了仙寺から見た風景だ。

「一方には一〇〇フィート以上の切り立った岩があり、もう一方には樹木が密生した丘の斜面に墓地が広がり、まったく絵のような眺めだった」

ペリーの時代には寝姿山は岩だらけの山だったのだろう。小さなロープウェーで山頂へ向かう。右手に見える山は岩が垂直に露出している。頂上の駅から数分上がると黒船見張り所があった。眼下に大島港。左下には弁天島が見える。海岸とつながった小さな島だ。伊豆七島も水平線上に青くかすんでいる。

ペリー艦隊は一一日に父島へ向かったマセドニアン号を除いて六隻が湾内にそろった。江戸湾から一四日にサザンプトン号、サプライ号。一六日にヴァンダリア号、レキシントン号が出発した（この四隻は帆船なので所要時間一～二日程度と推定）。それに四月一八日には旗艦ポーハタン号とミシシッピ号（この二隻は蒸気船）が下田港内に投錨している。

吉田松陰、密航を企てる

自転車を借りて海岸線沿いに東へ向かい弁天島をめざす。小さな黒船が港に泊まっている。船側の動輪の外周に白地に黒の SUSQUEHANNA（サスケハナ）の文字。来航、一回目の旗艦に使われた船の名前だ。下田湾を二〇分で遊覧している。

海辺の公園にはクロンシュタット広場の碑。一八五四年一一月、ロシアのプチャーチン提督はペリーの半年後、下田に寄港した。安政の大地震に伴う大津波で乗っていたディアナ号は大破。しかし「海上での町民救出や陸上への医師派遣申込など国境を越えた救出活動に踏み出しました」。この広場の名前は、プチャーチン提督がロシアのサンクトペテルブルク市クロンシュタットから出港したことにちなみ名づけられた。

さらに進むと坂本龍馬の石像。おなじみの右手を台に置いて立っている写真と同じ姿だ。昔の写真は何分もじっとしていなければならなかった。それで台にもたれかかったらしい。裏には「下田で語られた龍馬の夢」と刻まれている。元治元年（一八六四年）勝海舟の乗った船の機関が破損し、下田港に停泊した。勝の要請にこたえて龍馬が馳せ参じ、蝦夷地開拓の夢を語った、と刻まれている。

一八五四年四月にはこの港に六隻の米艦隊、一一月にはロシアの船、一〇年後には勝海舟と坂本龍馬が率いる船が現われた。ここは幕末の歴史を見てきた海岸だ。吉田松陰がここを通って弁天洞にたどり着いたと言われていることから「松陰の小径」とも呼ばれている。この先に見えるのが柿崎弁天島だ。

松陰は三月五日に江戸を出ている。艦隊に近寄り、ペリーに手紙を渡そうとした。船に乗せてもらって米国へ密出国する目的であった。もちろん露見すれば死罪だ。横浜では約束していた漁師の舟が見当たらず失敗。下田までやって来た。

以下、『吉田松陰著作選』（奈良本辰也、講談社学術文庫）の中の回顧録から引用する。

「（四月）二五日　夕方四時頃、村を出て海岸をぶらつきながら外国船の状況を観察して、夜になった。寒気は非常に厳しかった。下田の町へ行き餅汁を食べる」

船を盗み、川の流れに沿って海に出る。

「川口に、数隻の警備船がいるのを発見し、僕らの胸は激しく波打った。そこで渋木（注、金子の仮名）に『警備船に見つかって捕らえられるかどうかも、すべて運命一つにかかっている。もし天が僕らの味方ならば決して見つかりはしないだろう』といった。幸い無事に通り過ぎ、海に出ることが出来た。しかし波が高く、相当荒れ模様だったので、櫓を使うことが出来なかった。そのうえ下田の岸からポウパタン号までは、非常に遠かった。このままでは成功もおぼつかないので舟を捨て海岸に戻って次の機会を待つことにした。まだ夜明けまでには相当時間があったから、柿崎弁天の社《やしろ》に戻ってひとねむりした。夜がいったいいつ明けたのか知らなかった。誰かがやって来て祀戸を開いて、はじめて僕らは驚いて起きる始末だった。しかしその人の方が僕らよりは一層驚いていたようだった」

『ペリー提督日本遠征記』によれば、記録は一日違う。二五日深夜に吉田松陰と金子重之助（注、金子重輔）の二人はペリー艦隊に接触している。前日、二四日の昼には上陸した士官のひとりに近づいて「時計の鎖をほめるような振りをしながら、畳んだ紙を上官の胸に滑り込ませた」。

その日の深夜のことだ。

「午前二時頃（四月二五日）、蒸気艦ミシシッピ号の艦上で夜間当直をしていた士官は、舷側についた小舟から聞こえてくる人声に呼び起こされた。舷門に行って見ると、二人の日本人がすでに舷側の梯子を登ったところだった」（遠征記）

二人は乗ってきた小舟を放棄し、なんとしても海岸には戻らない意志を示す。艦長は旗艦（ポウハタン号）へ行くよう指示する。港内の波が高かったため苦労して旗艦に達し、甲板に着く。そこで二人は「自分たちの目的は合衆国に連れて行ってもらうことであり、そこで世界を旅して、見聞したいという願望を果たしたいのだと打ち明けた」。彼らの願いは入れられず、投獄される。吉田松陰が運ばれた籠、収容された牢屋は下田開国博物館内に再現され展示されている。この後の松下村塾での指導、刑死については有名なので割愛する。

吉田松陰と金子重之助の銅像「踏海の朝」

弁天洞への階段の手前にはペリー艦隊の絵師ハイネの描いた絵が、鉄板の上に特殊技術で再現されている。小さな公園には「踏海の朝」と名づけられた二人の銅像がある。二人とも二本差し、羽織袴の正装。松陰が立って海の彼方を指差し、右横に金子が座って同じ方向を見つめている。松陰の生まれ故郷の萩市と下田市は昭和五〇年から姉妹都市の盟約を結んでいる。

ペリー艦隊来航記念碑

下田市はペリーの生まれ故郷であるロードアイランド州ニューポート市と姉妹都市協定を結んでいる。

弁天島から海岸通りを引き返し、港橋をわたり左折。港には漁船がたくさん並んでいる。石畳の続くペリーロードを経由して、ペリー艦隊来航記念碑へ向かう。ペリーポイントと英語で標記された建物。外国人の別荘らしい。その先に小さなペリーの胸像、左の石碑は下がガラスで覆われ、中に小さなガスの火が灯っている。

日米交流一五〇周年によせて　ジョージ・ブッシュ大統領から下田市へのメッセージとして、大統領のサインと二〇〇四年三月三一日の日付が記されている。下には「日米友好の灯」の説明。この灯は、平成一五年七月、日米交流の発端となるペリー来航一五〇周年の節目を祝う第二〇回ニューポート黒船祭のおり「ＮＥＷ‼わかふじ国体」の炬火リレーに使用するため採火されたものです。ニューポート黒船祭の祝砲の火種をはるばるアメリカロードアイランド州ニューポート市から空輸し、「日米友好の灯」と名付けられました。炬火リレーとして利用後、平成一六年三月三一日、下田開港一五〇周年の際にこのモニュメントに採火され、日米友好のシンボルとして灯もり続けています。

黒船見張り台

ペリーの胸像

了仙寺

ペリーロードをたどり、日露和親条約が締結された長楽寺を横目に見て、了仙寺へ。境内にある黒船美術館は三〇〇〇点を超える黒船・開国の資料を持つ。映像を三本見た。当時の瓦版を大写しにした中に、ペリー艦隊一行の行動が漢字とカタカナ、絵で報告されている。中には「遠征記」では秘された怪しげな場所への「上陸」の記事もあった。

黒船美術館で貰ったパンフレットを紹介する。

「ペリー黒船おもしろ話」によると、軍楽隊の演奏を奉行も町民も一緒に聞いた。軍楽隊の編成は太鼓やシンバル、クラリネット、フルート、トランペット、トロンボーン、ホルン、クラヴィコールなど。よく演奏されたのが一八五〇年代アメリカで流行していたフォスターの曲。おおスザンナ、スワニー河などで有名だが、下田では「草競馬」が演奏された。おなじみの「ドゥダー、ドゥダー」だ。これが日本における西洋音楽の初めてのコンサートといわれている。三味線や尺八、笛、太鼓になじんでいた下田町民は度肝を抜かれたことだろう。

黒船博物館には当時の瓦版も展示してある。ペリーは赤鬼のような怖い顔もあればお多福が困ったような顔もある。

第一回黒船祭

下田市では、ペリー来航八〇年後の一九三四年、開港記念の第一回黒船祭を開催した。この頃の日本の情勢は、前年の一九三三年には、国際連盟脱退、治安維持法で四二〇〇人が検挙。ドイツはナチス政権成立、ヒトラーのユダヤ人弾圧、国際連盟脱退と続く。一九三四年にはソ連が国際連盟加入、フランス共産党が人民戦線結成、中国共産党が長征開始。日本では戦争が始まりそうないやな雰囲気が漂い、翌年には日本共産党が壊滅させられる。国外ではそれに抗するような動きも盛んになってくる。

はじめは黒船祭の開催案は、下田の宣伝に過ぎない、と相手にされなかった。しかし祭りのポイントを下田開港と先賢慰霊祭という祭事にすればどうか、というアイデアが出て来た。アメリカ大使や大臣を呼ぶことも可能かもしれない。下田町では準備を進めた。

「吉田松陰、ペリー、ハリス、プチャーチンなどの慰霊祭を挙行し、先賢の遺族や米露大使とその関係者を招待することにした（二回目の黒船祭からは、アメリカだけとなった）。当日、一九三四年四月二二日は、絶好の祭り日和で、春風に日米国旗がたわめく（注、はためく）中、アメリカ大使グルー夫妻、外相代理の出口駐米大使、海相代理野村大将らを乗せた艦船「島風」が柿崎埠頭に上陸後、一向は打ち振る日米国旗の波を泳ぐように徒歩で玉泉寺に入った」

「主なイベントとしては、黒船音頭発表会、観光客による提灯行列、花火大会、黒船に模した遊覧船運行」。さらに「下田芸鼓（注、芸妓）の中から、投票により、お吉を選ぶ『お吉』デー」などのイベントが催された。

引用しながら文句をつけるのも恐縮だが、『ペリーと黒船祭』にはミスが目立つ。上記歓迎会の出席者の挨拶を、明治政府の設立者の一人である西郷隆盛の子孫で海軍元帥であった西郷従道、とあるのに仰天した。もちろん従道は西郷隆盛の実弟である。不安に思いながら読み進めると、一三四頁の沖縄の地名で那古、都とあった。名護、宮古のことだ。ほかにも朝日橋とあるのは旭橋だろう。

黒船祭は大盛況となり、一九四〇年まで毎年開催された。一九四一年は日米関係悪化のため開催されなかった。

一九三七年には日独伊三国同盟の締結、日中戦争勃発。日米関係が日ごとに悪くなる中で、よく続いたとも言える。もっとも一九四四年一二月八日の開戦記念日に「横須賀市の翼賛壮年団は有志たちとともにペリー上陸記念碑破壊を提案し」ていた。翌年二月八日、「ロープをつけて引き倒され、煙をあげて倒れたのである。そして、その後には、高さ三メートル近くになる木製の『護国精神振起之碑』が立てられ、終戦を迎えたのである」。

本格的に黒船祭が行われるようになったのは、太平洋戦争終結後の一九四七（昭和二二）年から。一九八七（昭和六二）年にはペリー記念館が建てられ、黒船まつりはペリー祭と名称を変えた。

5．三つのペリー上陸記念碑〈那覇市泊北岸〉

外人墓地の中にある記念碑

那覇市泊港。離島へ発つフェリーがいつも停泊している。出港するとすぐに上に架かったバイパスの下をくぐる。その先に見えるのは慶良間諸島。冬になるとホエールウォッチングでにぎわう。一二月のちょうどクリスマスあたりに鯨がやってくる。そして二月末くらいまで子育てのため過ごす。鯨が現われると、ほかの魚がいなくなる。釣り人にとっては迷惑だが、観光客にとっては巨大生物を身近に見るチャンスだ。

慶良間諸島の一つ、座間味島への快速艇は泊港北岸から出発する。港から道路を挟んだ向かいに低い塀で囲まれた外人墓地が広がっている。右手には大きな古い墓、真ん中には白い十字架が林立し、左に目を移すと大きな石碑が建っている。

正面左手の鍵のかかっていない鉄柵を開けて入る。目の前に「ペルリ提督上陸の地」と書かれた記念碑。一九五三年、ペリー来琉一〇〇周年を記念して建てられた。

当時の沖縄は米軍政下にあった。米軍の横暴ぶりは現在の比ではない。前年の一九五二年四

泊のペリー上陸記念碑

月二八日にはサンフランシスコ平和条約が発効したが、沖縄は置き去りにされた。この日を沖縄では屈辱の日、と呼ぶ。沖縄が「祖国復帰」を果たすのは一九年後の一九七二年のことだ。それまでは「銃剣とブルドーザー」で土地はとられ、米軍人の殺人、強姦、交通事故、米軍機墜落なども容疑者は日本から逃げてしまい、責任の追及はなし。いやそもそも沖縄は日本ではないので日本国憲法は適用されない。いまも似たようなものだが……。

ともあれ、ペリー上陸碑は神奈川県の久里浜と沖縄県の那覇、そして静岡県の下田の三か所にある。久里浜の場合はペリー上陸から半世紀後に建立され、那覇の場合は一世紀後にようやく米軍の主導の下で建った。久里浜は近くの橋を開国橋、海沿いの道路を開国道路と名づけ、七月一四日の上陸記念日をペリー祭として花火を上げて祝う。那覇市の場合は、外人墓地の中に記念碑がある。穿った見方をすれば、ウチナーンチュ（沖縄人）は、ペリーの「業績」は墓地の敷地の中に留めて置け、と考えたのかもしれない。

なお、この墓地のペリー記念碑と反対側の端にはウィリアム・ボードの墓がある。彼はペリー艦隊の一員で、婦女暴行事件を起こし島民に追われ溺死した。不名誉な死にしては立派な墓だ。

二〇一六年一二月、ここからすぐ近くの泊港正面にある緑地に一つの石碑が建てられた。バジル・ホール来琉二〇〇周年記念碑である。

本書冒頭に記したように、一八一六年に琉球を訪れた英国のバジル・ホールは琉球人と美しい交流を続け、その模様を出版し欧米でベストセラーとなった。いわば琉球の国際デビューの恩人である。

泊港の北岸の外人墓地にはペリーの上陸記念碑、正面の緑地にはバジル・ホールの記念碑。沖縄での二人に対する扱いは全く違う。琉球を恫喝した者と友情を持って接した者、親の敵と親友との違いだ。

那覇市泊のペリー（ペルリ）上陸記念碑

米軍政府は占領下の沖縄でペリー来琉一〇〇年記念祭を盛大に行った。五月には「琉球とアメリカ友好週間」として、アメリカ文化センターでの美術展、運動会など最大級の文化イベントを催した。

「一九五三年のペリー一〇〇年祭は、アメリカと琉球の間の相互理解を深め、琉球人のアメリカ人に対する敵対心を緩和する目的で企画された。アメリカ軍政府は、アメリカ人のＧＩを追い抜いて一等賞をとった琉球の水泳選手を喝采したり、野球の大会で、ボールを見失ったアメリカ人の選手をからかったりしているうちに、琉球人は彼ら自身が、征服された土地に住んでいる被征服者であるという事実を忘れるかもしれないと期待したのである」（佐伯千鶴著『ペリーと黒船祭』春風社）

佐伯氏が言うように、このような盛大なイベントをいくら重ねても、現実をごまかすことはできない。沖縄はまぎれもなく米国民政府の圧政の下にあった。

当時の情勢を振り返ってみよう。一九五〇年には朝鮮戦争勃発。前線基地に近い沖縄はにわかにキナ臭くなる。米国は日本の民主化は後回しにして、太平洋の要石・沖縄の軍事化を急ぐ。前年の一九五二年には「琉球政府」が出来た。その創立式典で名前を呼ばれても起立しない議員がいた。瀬長亀次郎だ。もっとも危険な人物としてマークされることになる。

日本本土は五月一日のメーデーの日に、皇居前広場で警官隊とデモ隊が衝突。血のメーデーと呼ばれた。米ソの冷戦が急速に進行する。

「米国民政府は一九五三年（昭和二八年）に土地収用令を公布し、無理やり土地をうばうという非常な手段をとったのです。ある村では、立ち退きを拒否する農民の目前で、家ごとブルドーザーでしきならすという暴力的な接収もおこないました」（新城俊昭著『ジュニア版琉球・沖縄史』東洋企画）

アメリカー（と沖縄では語尾を伸ばして言う）は「銃剣とブルドーザー」で住民から土地を取り上げ、琉球大学では民主化運動の学生たちを再び処分。住民にとっては日本からは切り離され、人権は蹂躙されっぱなしの状態だった。三年後、一九五六年にはあの「危険な男」が那覇市長になってしまう。

「米国民政府は、那覇市への補助金をうちきったり、銀行にはたらきかけてお金を貸さないようにするなど、さまざまな手をつかって妨害したのです」

業を煮やした米軍はついに法律を変えて瀬長亀次郎を市長の座から追放してしまう。

「アメリカー」のひどさを示す一例だ。こんなことばかりやっている政府がペリー一〇〇周年を祝おうと言っても民衆からはまったく相手にされない。上陸記念碑など迷惑！　沖縄では今に至るまでペリーの上陸を祝ったり、「開国」を寿ぐお祭りを開催する気運はない。アメリカ軍が七〇年以上も居座り、軍属が女子大生を強姦して殺したり、オスプレイが墜落したり、海を埋め立てて新基地を作ろうとしている限りペリーが「復権」することはないだろう。

ただし那覇市の山下町近くにはペリーの名の付いた店や病院がある。ペリーもち屋、ペリーストア、ペリー保育園、ペリー内科・小児科、ペリー歯科クリニックなど。このあたりは戦後はペリー町と呼ばれていた。ペリー来琉以来の名称ではなく、戦後すぐのことらしい。

ペリーの名の付いた店や病院がある

強姦された日本

ペリーの「開国強要」の本質は、言うことを開かなければ殺すということだ。これは既に福沢諭吉が『文明論の概略』で述べている。この本は明治八年（一八七五年）に刊行された。ペリー来航から二二年。福沢は明治が始まる直前の慶応元年（一八六五年）に『西洋事情』を出版、三年後の慶応四年（一八六八年）に慶応義塾を創設した。明治をリードした人物として有名だ。

「米国の我国に通信を開くや、水師提督ペルリをして、一隊の軍艦を率いて我内海に驀入《ばくにゅう》せしめ、我に強いるに通信交易の事を以ってし、而して其の口実《しこう》とする所は、同じく天を戴き、同じく地を踏みて、共にこれ四海の兄弟なり、然るに独り人を拒絶して相容《あいい》れざるものは、天の罪人なれば、たといこれと戦うも通信貿易を開かざるべからずとの趣意なり。何ぞその言の美にして、その事の醜なるや。言行齟齬《そご》するの甚だしきものと言うべし。この際の形容を除《のぞ》きてその事実のみを直言すれば、我と商売せざる者はこれを殺すというに過ぎず」（『文明論之概略』）

ペリーの「強制開国」は以後一七〇年近く、日本人のトラウマとなって残っている。

「近代日本はペリーに強姦されて、現実を見失っていたずらに誇大妄想的自尊心を追求する内的自己と、卑屈にアメリカをはじめとする西欧諸国に迎合する外的自己とに分裂して精神分裂病になった」（岸田秀『二十世紀を精神分析する』文春文庫）

こうした「外発的な開化」はまともな人間なら神経衰弱になる、と明治の文豪は述べた。

「西洋の開化（すなわち一般の開化）は内発的であって、日本の現代の開化は外発的である。ここに内発的というのは、内から自然に出て発展するという意味で、ちょうど花が開くようにおのずからつぼみが破れて花弁が外に向かうのを言い、また外発的とは外からおっかぶさった他の力でやむをえず一種の形式をさしたつもりなのです。（略）交際しなくともよいと言えばそれまでであるが、情けないかな交際しなければいられないのが日本の現状でありましょう。そして、強いものと交際すれば、どうしてもおのれを捨てて先方の習慣に従わなければならなくなる。（略）われわれの開化が機械的に変化を余儀なくされるために、ただ上皮をすべって行き、また、すべるまいと思ってふんばるために神経衰弱になるとすれば、どうも日本人はきのどくと言わんか憐れと言わんか、まことに言語道断の窮状に陥ったものであります」（夏目漱石「現代日本の開化」明治四四年八月、大阪朝日新聞社主催の講演会にて）

日本本土は強姦されたことを忘れようと努めている。そしてあろうことか現政権は「凶悪犯」を送り出した国と堅く結びついて、未来永劫寄り添っていこうとしている。沖縄だけがいまも「強姦魔」と同居を余儀なくされている。日本では、夏目漱石が嘆いた「神経衰弱」の「言語道断の窮状」が続いているのではないか。

６．仕事をしない男たち

ふたたび大琉球島那覇へ

新しい摂政が位に就いていた。前回応接した摂政は「おそらく提督とその随員が首里の王宮に入るのを許した」ため、責任をとらされた。ベッテルハイムによれば、前摂政は「小さな島に追放され」た。島流しの刑にあった摂政について、『遠征記』には、ベッテルハイムが「罷免された高官に憐れみを感じているとは思えなかった」と記されている。

新摂政はサスケハナ号に招待された。「暗紫色ないしスミレ色の長衣に、深紅の帽子」で現われた。二人の財務官は「顔に皺のよった老人で長衣は黄色。市長は真珠色の芭蕉布の長衣。

高官の背後に立っている下級の従者たちは、青と黄色の長衣に緋色の帽子」。

晩餐のメニューは「海亀のスープ、ガチョウ、仔山羊のカレー煮など」。さらに世界のあらゆる地方で作られたサキ（酒）が提供された。「フランスとドイツのワイン、スコットランドとアメリカのウィスキー、マデイラ酒、シェリー酒、オランダのジン」、最後に「甘口の強いマラスキー酒」が出され、最高の評価を受ける。

「彼らはこの清らかな美酒をひとなめしては舌をならし眼をつぶり、要するに、節制の美徳を顧みるいとまがなくなってしまった」

午後の無駄話
（『ペリー提督日本遠征記』）

さらにボニン（小笠原）諸島から運んだメロンとバナナが大好評だった。

「客人たちは（略）帯の上でゆったりと重ねた長衣の襟元がポケットに早変わりして、詰め込めるだけ詰め込んだ」

一方、サラトガ号のある士官は、ある村を訪れた時の印象を次のように記している。

「丈の高い竹藪にすっぽりと包まれ、その竹藪は赤い砂土の平らな街路で芸術的に四角に区画されており」、「庭園にはさまざまな野菜がみごとに栽培されていた」と感嘆している。中へ入ってみると、「男はなまけ者の雄蜂で、女が働き蜂だった」。どこへ行っても男たちはあぐらをかいて車座になって、小さな煙管で煙草を吸っていた。次にお茶、そしてまた煙草、無駄話と続き、やがて酒が運ばれ回し飲み……。

「これが『男たち』の仕事であり、その間に哀れな女たちは焼けつく日差しの中、裸同然の姿で最寄りの農地を鍬《くわ》や鋤《すき》で掘り返しているのが見られる」

ただし最下層の階級の男たちは、煙草とお茶と酒に明け暮れる訳にはいかない。ペリーの観察では住民は四つの階級に分かれる。第一階級―政府高官、第二は僧侶と文人、第三は下級役人と密偵。最後は漁師をふくむ労働者階級。

「この第四の階級の労働に依存して、ほかのすべての階級が生活しているのである」

「最後の階級を除くと、密偵以外はなすべき仕事があるようには見えない」

ペリー提督は、「暴政」に心を痛め次のように日記に記す。

「神よ、この哀れな者たちに憐れみを垂れ給え！　私は世界の多くの地方を見てきたし、多くの人々の野蛮な生活状態を観察してきた。しかし、メキシコの哀れな債務労働者を除けば、この地のみじめな奴隷たちが被っていると思われる、かくもあからさまな悲惨な境遇はいまだかつて見たことがない」

そして「このみじめな者たちを暴虐な支配者の抑圧から救い出すこと、これより偉大な人道行為を私は考えつかない」と記す。そして一八一六年に来琉したバジル・ホールの琉球の人々への思いを否定する。

「この哀れな者たちはベージル・ホール大佐によって非常に無邪気で幸福な人々と言われた人

々である」

さらに、彼らは無知であり、狡猾で不誠実になってしまった。自尊心という大切なものを失っている、と決めつけている。

この後、『遠征記』の二一章は「琉球人はどこから来たのか、島民の教育・宗教、身分制度と風俗習慣」と続く。興味深いがカットする。

第一回日本訪問のエピソード

さらにペリー来航のハイライトである一二章―第一回日本訪問・浦賀、一三章―久里浜上陸。ここも大部分カットする。ペリーは常に恫喝を忘れない。そこだけ引用しよう。

日本国皇帝陛下に呈した親書の最後に、このままじゃすまないぞ、とスゴんでいる。蒸気船で一八日から二〇日で日本に到達できる、「日本海域はまもなくわが国の船舶であふれるようになる」と伝えた後、

「本書状の署名者は、友好的な意図を証明するため、比較的小さな四隻の軍艦のみを率いてきましたが、必要とあれば、来春にははるかに大きな艦隊を率いて、江戸に帰航するつもりです」

さらに「当局の抗議にもかかわらず、また砲台の無数の砲門の下で、江戸湾を測量したことも重要な成果であった」と誇らしげに語っている。つまり「こけ脅かしや見せかけの武力でアメリカ人を怖がらせて追い払おうとするのは、愚かな試み」である、と日本人に教え込んだ、

つもりなのだ。

黒船来航のニュースは日本国内を駆け巡る。加藤祐三『幕末外交と開国』講談社学術文庫の第一章より「噂の流布」を紹介する。

「太平の眠りをさます上喜撰　たった四はいで夜も眠らず」

有名な歌だ。煎茶の上喜撰と蒸気船をかけている。浦賀駅近くでこのお茶を再現して売っている。一〇〇〇円で買ったがどこかにしまいこんだままで、まだ飲んでいない。

「井戸の水あってよく出る蒸気船　茶の挨拶で帰るアメリカ」

「井戸とは、二名置かれた浦賀奉行の一人（江戸城詰め）の井戸石見守との語呂合わせ」

ペリーの第一回滞在はわずか一〇日間、茶飲みの軽い挨拶で帰った、としている。

「アメリカが来ても　日本はつつがなし」

筒（大砲）がない、と恙《つつが》ない（注、無事である）を掛けている。実際には挨拶でも無事でもない。ペリーの日本への来航は、はかりしれない衝撃を与えた。

「日本へ向かってペロリと舌をだし」

もちろんペリーのこと。ペルリと呼ばれていたようだ。

「永き御世《みよ》なまくら武士の今めざめ　アメリカ船の水戸のよきかな」

これは次の有名な回文を下敷きにしている。上から読んでも下から読んでも同じ文だ。

「永き世の遠《とお》の眠《ねぶ》りの皆目覚め　波乗り船の音のよきかな」

水戸とは御三家の水戸の徳川斉昭をさす。攘夷派で有名だった。ジョン万次郎をアメリカのスパイとみなし警戒していたことは既に記した。

しかし斉昭は、「この期におよんでは、持論としてきた（異国船）打払い令は実状にそぐわない」と考えを変えた。そして「アメリカ艦隊を打払うような態度に出れば戦争になることは必至であり、仮に勝利をおさめたとしても、アメリカ側は伊豆の島々をはじめ日本の諸島を占領することは確実」と考えた。以上は吉村昭『黒船』（中公文庫）より引用。

吉村昭の取材力にはいつも舌を巻く。ちょっと長いが黒船が日本を去る（第一回訪問）時の表現を見てみよう。

「翌十二日、朝五ツ（午前八時）、黒煙を吐きはじめた二隻の蒸気艦が、それぞれ帆走艦をひいて浦賀方面にむかって動きはじめるのが見えた。

艦隊は、徐々に速度をあげて湾口にむかってゆく。海岸では見張りの者が遠眼鏡をむけ、警備の藩からは多数の船が出された。

艦隊は、早い速度で湾外に出てゆく。

奉行所と各藩から見届船が出され、艦隊が太平洋の水平線に没するのを確認した」

普通の小説ならここで切って良いはずだ。浦賀の海岸から、多数の者が黒船が消えてゆくのを見つめた。全員が安堵の気持ちで見守った。そのことは分かりきっているので書いていない。むしろ書かないことで印象が強くなる。驚くのは次の節の出だしだ。

「その日の昼九ツ（正午）頃、三宅島では、北東方向から四隻の黒船が島に近づいてくるのが望見された。船は三里（一二キロ）ほどの位置を通過、南西の沖へと去った。島の年寄、名主、地役人は、連名で「怪敷《あやしき》船四艘」と記した書状を使いの者に託し、早船で浦賀奉行に注進した。これによって、アメリカ艦隊がまちがいなく退帆したことが確認された」

三宅島からもちゃんと江戸幕府に黒船の動向が伝えられている。監視のおふれが出ていたのであろう。そして静まり返っていた江戸湾が徐々に活気を取り戻す様が描かれている。

江戸湾には軍船以外の船の往来がなくなり、「沿岸の町村の物価はにわかに高騰していた」。浦賀の町は、「避難していた老人や女、子供ももどり、天秤棒をかついだ魚売りも狭い家並の間を売り声をあげて縫って歩くようになった」。

ペリーは持病のリューマチ（関節炎）をかかえており、長期の艦隊勤務に疲れ果てていた。蒸気船で太平洋を一八日でやって来れる、と豪語したのはまったくの虚勢であった。実際は、アメリカ東海岸を出て半年以上もかかって日本本土へたどり着いたのだ。

江戸湾を出てまもなくペリー艦隊は三日間暴風に悩まされる。一八五三年七月二五日、三度目の琉球訪問を果たす。

7．琉球王国との永久協定のための提案

首里城占拠の脅し

一八五三年七月二五日正午。ペリー艦隊は那覇港に投錨した。湾内を見ると、那覇に残されていた輸送船サプライ号がうねりで巨大な丸太のようにローリングしていた。数日間、海は荒

れ狂っていた。台風の季節であった。今回(三回目)の琉球滞在は短く、ペリーはすぐに琉球の法律を緩和させるための交渉の準備に取りかかった。日本人との交渉がかなり成功したので、琉球人からもいっそうの譲歩を勝ち取る自信があった。

「一年の間、家屋の賃貸料を決定し、支払うこと。六〇〇トンの石炭を貯蔵しうる倉庫として便利な建物を本官が求めていること、密偵がわが士官の尾行を続けるならば、深刻な結果、おそらくは流血の惨事が発生するやもしれず……」と書いた訓令書を渡して、すみやかな回答を摂政に迫った。

三日後、二八日(金)に摂政、市長とペリー提督、アダムス参謀長との会見が持たれた。通訳は板良敷朝忠。会話はウィリアムズ氏を通じて中国語で行われた。ペリーは二、三日中に中国へ出発するが、二、三ヵ月後には再び琉球に戻る、その前にすでに伝えていた問題をすべて解決しておきたい、と考えていた。

正餐が始まった。摂政の態度は、堅苦しくよそよそしかった。一二品のスープのうち七、八品が配られた時、摂政は手紙を取上げ提督のテーブルに進み出て差し出した。琉球国の大きな印璽の捺された書簡だった。ウィリアムズ氏が開封し読み上げる。

「琉球島は小さくて貧しい。ベッテルハイム氏が住んでいるためさまざまな紛争が生じている、貯炭場を建設すれば琉球人の迷惑はますます増大するだろう。そのうえ、アメリカ人の使用に供されている寺院は、そのために琉球人には使えなくなり、僧侶はそこで勤行ができなくなってしまった。島の産物は少なく、茶、絹、布の全部、その他多くの品物を日本や中国から輸入しなければならないほどである、等々」

ペリーは手紙が読み上げられると、それを摂政に返すよう命じた。

「われわれはすでに島内を歩いてまわり、土地が肥沃で、人民はつましく、あらゆる種類の物資が豊かであることを知っている。あなた方が貯炭所を建てるのがいやだというなら、われわれは資材を積んだ船を派遣して、自力で建てるだろう」

那覇の市場
(『ペリー提督日本遠征記』)

そしてこう告げた。

「明日の正午までに、自分のすべての要求に対する満足な回答が得られなければ、二〇〇名の兵士を上陸させて、首里に行進して王宮を占領し、問題が解決するまでそこを占拠する」

またしても恫喝である。琉球側は屈服した。翌朝一〇時頃には市長がサスケハナ号を訪れ全て受け入れる旨を通告した。貯炭所については、建設の準備にすでに着手し、寺については一ヵ月の賃貸料を受け取ることに合意。

「市場の出入りに関しては、一般人、とくに女性が問題だという話になった」

ペリーが妥協案を出す。「その結果、アメリカ人が購入を希望するさまざまな国産物を販売するため、公館で市（バザー）を開くことになった」。次の「日曜日はキリスト教の宗旨に背く」ので、艦隊の朝九時の出港の前、朝六時から市が開かれることになった。

滞在中に遠征隊の一部がティマ・グスコ（豊見城）を訪れている。「豊見城が島の南端にあるというおおまかな指示を頼りに、現地人に出会うたびに質問口調で『ティマ・グスコ？』と繰り返しながら行を続けた」。途中の公館では主人や近所の人々に乾パンやサケをふるまった。やがて豊見城に達したが、すっかり廃墟と化していた。「城と背後の丘陵を結びつける突端の部分は壕《ほり》で防御されているが、草木が密生しているためほとんど見分けがつかない」と記されている。そして「かつて琉球の領域を分有していた三人の王が本拠にしていた三つの城のうちの、南の城の遺跡に違いない」と推測している。

八月一日（月）出航の日の朝六時、市が開かれた。

「市の場所に選ばれた公館には、各種各様の漆塗りの茶碗、皿、箱、芭蕉布の生地など多くの琉球の産物のほか、木綿や絹の帯、草履、真鍮と銀のかんざし、扇子などの琉球の服飾品、わが国のサンドイッチ・ケースとも言うべき重箱、煙管、大量の煙草などが豊富に品ぞろえされていた」

そのうちにウチナーンチュたちは需要と供給のバランスを見極めた。値段を吊り上げ、同じ商品を二倍で売るものも出て来た。やがて出発の合図が鳴り響き、朝八時にはペリー一行は香港へ向かって出発した。

しかしながらすべての艦がいなくなった訳ではない。ペリーは「琉球人とアメリカ人の間の友好的な好奇心や好感情を維持するために」、「艦隊の一隻がほぼ常時琉球にとどまることが最も重要と考え」た。

こうしてケリー中佐の指揮するプリマス号が残った。ペリーの不在中、彼らはメルヴィル港（運天港）と島の沿岸の測量を行った。キンダカ島（久高島）、イチー島（伊計島）、タキン島（津堅島）などを調査し、伊計島の西側に避難港を発見している。

小笠原で土地取得

小笠原諸島の主島ピール島（父島）を再び訪れ、入植者八人が自ら自治政府を組織しているのが分かると、正式に占領した。「ピール島植民地」の名称で作られた三条一三項から成る憲法が『遠征記』には載っている。唯一、残留している白人のナサニエル・セイヴォリーが首席執政官に選ばれた。彼からペリーは一片の土地を購入している。

香港につくと、ペリーは香港駐在イギリス首席貿易監督官　准男爵Ｊ・ジョージ・ボンハム閣下にあてて、小笠原諸島についての見解を伝えている。

小笠原は、一八二五年にイギリスの捕鯨船が発見し、一八二七年にはイギリス艦ブロッサム号のピーチー大佐が正式に占領した（と言っている）。が、ペリーによればそれ以前の一八二三年にアメリカの捕鯨船トランジット号のコフィン船長が訪れている。さらにその前、一六七五年には日本人が来航して「ブネシマ」と名づけている。だから「イギリス政府は、初めて発見したという根拠で統治権を主張できないことは明らかであります」と分かったような分からないことを言っている。

この論法で行けば、最初に島を訪れ命名した日本が統治権を主張するのがもっとも自然な道理、ということになる。

ペリーとしては一刻も早く港と貯炭所を確保しておきたかったのだ。小笠原で土地を手に入れたのは「個人的利益はまったく念頭になく、正当な目的から購入した」と強調し、さらに次のように付け加えている。

「それはまた、貯炭所として港内で唯一の適切な地点が非道な投機者に買収されるのを防ぐためでもあります。そうしておかなければ、投機者たちが強欲な地価の吊り上げを目的に、この土地を取得してしまっていたかもしれないのです」

要するにイギリスに対して「最初に上陸したのは、イギリスではなくて日本が先だよ、だから君たちに権利はないの。悪い奴が狙っているのでアメリカが押さえておくぜ」と勝手な言い分を並べている。琉球に対しても、「いささか道義心に欠ける列強」がやってくるかもしれないので、早く保護すべき、とおせっかいなことを考える。

大琉球を監視下に置く!?

ペリー艦隊は一八五三年には琉球を三回、日本本土を一回訪れた。年末及び翌年一月には次のような手紙をワシントンに出した。

一八五三年一二月二四日及び一八五四年一月二五日付けのワシントン宛書信。

「我が米国政府が琉球国に新たなる活力を与えるべく、保護の手を差し伸べることは理にかなった行き方かと存じます」、「我が方よりも、いささか道義心に欠ける列強のあるものが、当然のことながらすでに我が方の手中にある権益の奪取に触手を伸ばす可能性は必ずしもあり得ることでもなかろうかと思えるからです……」

なんという野郎自大！　ペリーは琉球を監視下に置くことを考えている。

「我が政府当局の指示あるまで日本国の属領であるこの大琉球島を我が星条旗のもとに我が国の監視下に置くとの所存でおります」

しかし海軍長官は、すぐさまペリーの進言を却下した。

「大統領は、議会の賛同なしには同意できかねる、とのことでした。……島の一つを掌握すべきではないでしょう。仮にも、将来一旦掌握した島に関し、何らかの抵抗運動を惹起した上、再び返還しなければならないような事態に至れば困難を極めることは必至です。それ以上に、そのような島を維持するのに兵力を常駐させるとなれば、出費はもとより、色々な点で差し支えが出て参りましょう」

以上のやりとりは『ペリー提督日本遠征記』には載っていない。ジョージ・H・カー『沖縄—島人の歴史』より引用した。

ペリーは八月七日から約五ヵ月間にわたり香港、マカオ、広東を巡る。日本を脅かした後、アメリカ西海岸に戻った訳ではない。中国海域におけるアメリカの商人たちは生命や財産の保護を求めていた。もともとペリーは春になったら（中国海域から琉球・日本へ）北上しようと考えていた。しかし一一月末にはフランスの提督が突然極秘命令を受けて海上に出た。ロシアのプチャーチン提督は長崎から到着して上海にいる。ロシアが日本に引き返し江戸に行こうとしているのではないか、そうなれば面倒だ。ペリーは計画を前倒しして実行することにした。真冬の日本の沿岸には嵐や霧の危険が待ち構えている。にもかかわらず日本へ向かう。

一八五四年一月二〇日～二月七日、四度めの琉球訪問。琉球人たちの態度は変化していた。「街の人々は外国人を大変親しげに見るようになり、避けることもなく、女性ですら市場から逃げ出さずに、露店の店番を続け、異国の闖入者を気にしないようだった」

琉球の地形、土質、鉱物、農業資源については詳細に調べられた。米やサトウキビ、竹の使用法、人口、言語、宗教に至るまで。「琉球に関する提督の目的はすでに十分に達せられた」。

ふたたび日本へ向かう準備が始まった。帆船を何隻かあらかじめ江戸湾に向けて出発させ、蒸気船は追いかけることとなった。

二度目の日本国への渡航を前に提督は次の宣言書を公表した。江戸において我が方の要求する諸事項が確保されるまで、提督の名において琉球列島を「暫定的」に掌握すべく、「下士官二人と兵員一五人に以下の任務を命じる。彼らは、島に残り米国政府に属する諸物件及び関連物資、資産の監督、監視にあたるものとする」。

露艦到来、ゴンチャローフが見た琉球

米艦隊が北方を目指して琉球を出航後、間もなくにして露艦三隻、蒸気船ヴォストック号、フリゲート艦「パラス号」、二四個の砲を備えた小型軽武装高速コルヴェット艦がやってきた。

琉球に残されたペリーの下士官ら一七人は、すぐさまその侵入者に向かい、琉球が「すでに提督によって米国の保護下にある」と警告した。艦隊司令副長官プチャーチンは、笑みを浮かべただけで、すぐさま水兵らを上陸させた。艦隊員は一〇日間、泊（注、那覇市泊港近く）で軍事訓練を行った上、那覇を踏査、そして友好的な琉球人の悪口を言い続けるベッテルハイムの言動を半信半疑で聞いたりしていた。

つまりペリーの下士官らの警告はまったく無視された。ロシアは自由に軍事訓練を行い、上陸して那覇を歩きまわった。

以下、『ゴンチャローフ日本渡航記』「第六章　琉球諸島」から引く。

那覇港　一八五四年一月三一日から二月九日まで（現在の那覇市泊の南隣、波の上宮あたりと思われる陸地を見ながら記した文章）。

「向うの雑然と群がるあの樹々の緑は何だろう？　田畑には何を播いてあるのだろう？　どんな家々だろう？　…さあさあ早く、上陸だ！　灰色の珊瑚礁の巌が二つ海岸からずっと突出して、海の上にかかり、その一方の頂きにプロテスタントの教会の屋根が見え、並んで鬱蒼たる草叢と林の中に、さまざまな形をした、円筒や、半円や、楕円のどっしりとした石塊が重々しく身を伏せている。遠くからだと建物と勘違いする—それほど大きい。それは墓碑なのだ」

ゴンチャローフは琉球諸島を「この世ならぬ島」、「生きている遺跡」、「古代の里」とほめあげている。ただし女性に対しては「美女のいぬ国?」と厳しい。

「風景に悩殺さる」の項を引用する。

「目移りがして、何を見てよいかわからなかった。荷を積んだ小さな馬たちとともに、急ぎ足で首都へ出入りする者もいれば、ゆるやかな緑の傾斜に手招きさせ、登って来てヒマラヤ杉の下に腰を下ろしなさいと呼んでいる彼方の山もあれば、太陽がその山を鮮やかに見せびらかしているそのすぐ横の涼しい木陰には、高い石垣をめぐらし、ほとんどすっぽりと木の枝に覆われている茅屋を抱く渓谷が隠れていた。この植生の何たる力！　土壌の何たる多様さ！　至る所に清潔と秩序がある」

ところが商店街に入ると、住民たちはいっせいに隠れてしまう。

「驚いて私たちの方を指さしている。ゆとりのあった者は店を閉め、他の者は店を開けっ放しにして四方八方へ逃げて行く。こちらはむなしく彼らに手を振り、お辞儀をし、帽子を振るのみだ。向うはさらに一生懸命逃げて行く」

琉球人たちにとってペリー一行の来琉は四度経験したが、ロシアは初めて。顔かたちはアメリカと似ているが別の白い野蛮人が襲来した、と思ったのかもしれない。

滞在三日目にイギリス人の宣教師ベッテルハイムが姿を見せる。この時すでに彼は妻子を先に「シナ」へ旅立たせ、自分も五月（三ヵ月後）にはペリー艦隊と共に琉球を去ることが決まっていた。彼は、八年間を琉球で過ごし琉球語・日本語訳聖書の原稿を完成させていた。作家ゴンチャロープは彼の印象を次のように記している。

「何一つ魅力的なものがないところへもってきて、彼の話しぶりにも、そのトーンにも、話にも、歓迎の辞にも、何か無味乾燥なうちとけないもの、好意を与えない何かがあった」

ベッテルハイムは琉球人を「無学な、いやらしい、粗暴な連中です……」と非難する。一方、ゴンチャロープは仲間の連中の話として、琉球人が宣教師に対してあからさまに嫌悪の色を見せ、次のように言うのを聞いている。

「**Bad man, very bad man**」（意訳―悪党です。とても悪い奴）

話している間にイギリスの旗を掲げた商船が到着し、ベッテルハイムの後任が到着した。ゴンチャロープは「恐るべき人の群れがひとかたまりになって身動きもならず、羊の群れさながらに甲板にひしめいていたのである」と記している。この船は香港から一ヵ月かけて到着し「五〇〇人のシナ人の男女を乗せてサンフランシスコへ行く」途中であった。

「おんなたちはたいてい年の若い者たちで、娘はみな一四歳から二〇歳までである」

当時の移民船は船長が「乗客」を虐待し、険悪な雰囲気だったようだ。船内の喧嘩の末、船長や水夫たちが殺される事例もあった。ベッテルハイムと後任の宣教師から頼まれてゴンチャロープは「乗客」の不満を聞く。

「おれたちはちゃんと水をくれとしかいってないのに、ちょっとしかくれない、滅茶苦茶ですよ。樽が漏って、水がなくなっていってるのに、船長はここから金山 **Nolotaja　Gora**（カリフォルニアの）までどこにも寄港するつもりはない。けれどおれたちは、一人あたり七〇ドルずつ船賃を払ったんだ」

ゴンチャローフは「シナ人たちに（船長の）命令に服するという一札を入れさせて、彼らを仲裁し、船長にはもう少しきちんと秩序を設け、もう少し水を多く備えるようにし、サンフランシスコに直航せずサンドウィッチ諸島に寄航するよう忠告した」

彼はこの船が持ってきた新聞からクリミア戦争の勃発を知る。

「トルコとの戦闘が始まった。イギリスとフランスは引き続きわが国に対して陰謀を企んでいる。ヨーロッパ全体が先を案じて戦々競々（恐々）としている」

ちょうどこの時期、日本もペリーの二度目の来航に震えていた。

アメリカ横断鉄道

欧米の列強は中国、日本を狙う。中国の苦力たちはアメリカへ向かう。サンフランシスコの金山へ、アメリカ横断鉄道の工事現場へ。イギリス領の香港とポルトガル領のマカオは、苦力の送り出しの拠点だった。ゴンチャローフの日記に記された「イギリスの旗を掲げた船」は、香港からサンフランシスコへ向かう途中、おそらく強風を避けて琉球へ立ち寄ったのだろう。

琉球人が中国の福州、アメリカのサンフランシスコで活躍する物語がある。陳舜臣の『天球は翔ける』。毎日新聞で連載され単行本になり、今は集英社文庫に入っている。文庫本のサブタイトルは「アメリカ大陸横断鉄道秘話」。主人公は琉球出身の梅天球という若者だ。福州の琉球館で進貢貿易に従事していたが、サンフランシスコ、次にニューヨークをめざす。そこに太平天国の首領洪秀全の幼なじみやアメリカの苦力輸送船バウン号で起きた反乱の生き残り、李鴻章の幕閣を務めたエリート、牧志朝忠の自殺に絶望した琉球の青年、客家の女性でスリの名人などがからむ。

アメリカの西部劇はもっぱらインディアンとの戦いが多い。ジャッキー・チェンが主演の珍しい西部劇を見たことがある。弁髪姿で登場していた。アメリカ横断鉄道の工事現場を舞台にした映画だった。余談だが、横断鉄道の会社の幹部が、万里の長城を作った中国人なら出来るのでは、と考えた。それに苦力たちは決して生水を飲まず沸かして飲んでいた。アイルランドから来た白人労働者たちと違い、病気で倒れる者が少なかった、とのことだ。

「一八六九年五月一〇日、アメリカ最初の大陸横断鉄道が完成した。サクラメントから東へのびるセントラル・パシフィック鉄道が、ネブラスカ州オマハから西へのびるユニオン・パシフィック鉄道と、ユタ州のプロモントリーで連結したのである。クーリーの屍体が、一本一本の枕木になって完成した。といわれるほどの犠牲を払ったのである」（『天球は翔ける』）

開通祝賀会には中国人は一人も招かれなかった。開通一〇〇周年記念の翌年（一九六九年）に著者の陳舜臣はサンフランシスコを初めて訪れた。

「一〇〇年たってそのことを反省したのか、大統領から華人の協会にそのことを詫びる書簡が届いていたのを知った。中国系の人に、そのときいろんな話をきいたが、鉄道工事に来た人のなかには、太平天国の残党もかなりいたとのことである」（同書あとがきより）

太平天国の乱が起きたのはペリー来航のわずか二年前。自らをキリストの弟と信じた洪秀全

（注、客家人）を天王とした。ペリー来航の一八五三年には南京を占拠。天京と改称し太平天国の首都に定めた。一八六四年には清国による弾圧により滅ぼされた。攻めたのは曽国藩。なお孫文が生まれたのが二年後の一八六六年。同じ客家人として太平天国の悲劇を聞きながら育った。一九一一年、度重なる失敗の末、革命成就。「華僑は革命の母」という言葉が有名だ。アメリカや南洋各地の客家を中心とする華僑たちの支持が、革命のエネルギーとなった。

アメリカでは既に一八四五年には横断鉄道の経路沿いの調査が始まっていた。一八五九年には東部から中西部のネブラスカ州オマハまで鉄道が到達した。西海岸までの延伸が決まったのは一八六二年のことだ。一八六一年〜六五年が南北戦争。七〇万人以上が死んだとされる。一方では破壊、一方では建設。こんな戦いを続けながらよく鉄道建設が進んだものだ。完成は七年後の一八六九年。東部から陸伝いに西へ西へと向かい、遂に太平洋が見えるカリフォルニアまで来た。

海から日本・中国へ向かう「西向くアメリカ病」は、以前からあった。その動きは、ペリーの日本への「武装訪問」の成功によっていっそう煽られた。

第10章　琉球王国の崩壊

1．琉米条約の締結

琉球は遠海の地、我らの権限内にあらず

『ペリー提督日本遠征記』は、もっとも重要な日本再訪（一八五四年二月七日〜三月七日）について六章約四〇〇頁を費やしている。一八章が「日本再訪」、一九章が「横浜上陸」、二〇章が「日米和親条約（神奈川条約）の調印」、二一章が「江戸湾を離れ下田へ―条約の発効」、二二章が「下田滞在、箱館へ」、二三章が「箱館訪問」、二四章が「松前藩との会見、下田で付加条約合意」、そして最終章（二五章）は「琉球と協約を結ぶ―日本遠征の終了」となる。二五章のサブタイトルは「那覇〜台湾・香港〜ニューヨーク（一八五四年七月一日〜一八五五年四月二四日)」。補章として「日米和親条約の批准交換」がある。

この六章にわたる日本再訪の部分を思い切って飛ばす。ただし琉球と関係する個所は取り上げる。開国交渉にあたり日本側が琉球をどう見ていたのか、米が首里王府と結んだ条約につい

て記す。

ここからはジョージ・H・カー『沖縄―島人の歴史』より引用する。

第一回目のペリーの首里王府への強行訪問に、同行のウィリアムズ博士は批判的だった。こうした言葉は『遠征記』からは外されているので、カーの著書から引いた。

「江戸湾におけるペリーは、執拗に交渉を進め、三月一七日には日本国の五港を通商と開運事業のために開港するようにと迫った。そのうちには那覇も含まれていた。日本側当局者は「琉球は遠海の地にあって、那覇の開港は我らの権限内にあらず」としてペリーに反論した。日本国の皇帝は琉球列島に関しては限られた権限を有するに過ぎない、とのことだった。この言明でペリーは、琉球王国が独立国家としての主権を有し、日本国の責任が及ばぬことの確認を得たに等しいと解した」

一八五四年三月三一日には横浜近郊の神奈川での交渉を終えた。それなりの祝賀の宴を張った後、米艦隊は北方の箱館まで巡航し、七月一日には那覇に帰還した。これが五回目の来琉となる。

ペリー艦隊殺人事件

その一ヵ月前、沖縄に残留を命じられていた水夫のうち一人が叩きのめされ、暴徒化した土地の者によって殺害されていた。長堂英吉著『海鳴り』（講談社）には四編の作品が収められている。「ペリー艦隊殺人事件」（未発表書き下ろし作品）の冒頭には次のように描かれている。

「一八五四年（安政元年）の昼さがり。那覇港の船溜まりから臨海寺に至る細い海中道路をペリー提督率いるアメリカ東洋艦隊の水兵が一人、二十人ばかりの男たちに取り囲まれ、罵声を浴びながらよろよろ歩いていた。水兵は臭い息をし、足下もおぼつかなかったが、よろけそうな足どりは酒のせいばかりではなかった。水兵は後頭部から血を流していた。顔もどす黒く腫れあがり、唇は切れて制服の白シャツを真っ赤に染めていた。帽子も被らず、靴も履かず、下半身は裸で、一物が蝸牛《かたつむり》の形に縮こまって股間にしがみついている。そのことは彼が何をしようと試み、男たちに追われているかを物語っていた。軍隊の駐屯するところ、婦女暴行の事件が発生するのは今も昔も変わりがない」

これはボード事件と呼ばれている。町の一軒家に入り込み、女性を凌辱したのだった。男たちに追われて海中に落ち（あるいはつき落とされ）亡くなったのはウィリアム・ボード。彼の墓は泊港北岸の外人墓地にある。墓の写真は拙著『歩きはじめた沖縄』（花伝社）に載せた。米軍の最初のレイプ犯と言ってよい。この裁判に立ち会った提督付きの通訳ウィリアムズは次のように記している。

「表向きの徳義性を重視するここ那覇での裁判や役人の行き方は、かの下田における日本人の場合よりは遥かに良識、品位にあふれ、尊敬に値する」

ペリーは激怒し琉球王朝の役人も震え上がった。だが「提督は（略）その男の死は不法にひきおこされたものではあるが、おそらく当人自身が婦人にたいしてきわめて下卑た凌辱行為に及んだ結果であり、このような場合に当然の報いを受けたのだとすぐさま確信した」（『遠征記』）

文明人の資格なし、今後の琉球との交渉にも最大の汚点となる、と考えたのだろう。さすがに『遠征記』にも「五回にわたる琉球訪問のうち、住民とアメリカ人との全交流中に生じた唯一の重大な不祥事となった」と記されている。

またこの時、ペリーは役人らに「ワシントン記念塔の頂上に吊るすための梵鐘を所望した。私は提督が殺人事件や暴徒の件よりは、梵鐘のほうにより関心がある、と思わざるを得なかった」とウィリアムズは記している。ペリーが所望していた梵鐘は傷物だったため、代わりに一四五六年に尚泰久のために鋳造された「護国寺の鐘」が惜しげもなく供された。護国寺を住居としていたベッテルハイムは驚喜した。

「このようにして、異教徒の寺が眼前にて取り壊されるのに私は歓喜の声を挙げた。願わくば、この寺院が廃墟と化し、新たなる聖職者の手に落ちんことを」

この鐘は記念塔企画委員会によって受け取りを拒否され、結局ペリーの遺志として米海軍士官学校に贈られた（『沖縄—島人の歴史』第七章注）。

強制された琉・米条約

首里王府との間に結ばれた和親条約は、琉球国と米国とが友好裡に合意に達したとの明々白々の記録となって以上の諸事象に対する証言の役割を果たしてくれる。そのことは、他の列強諸国が軽々しく看過することのできない公的関係の確立、樹立を意味する。以後、他国がそのような条約の締結を迫るとなれば、琉球条約がまず先例として扱われることとなろう。

公式記録〈遠征記〉にはないウィリアムズの日記によれば……

「沖縄側は、その文書が強制された状況のなかでまとめられ署名されたものだと明記すべきだと迫った」

同じくスポールディング（後に海軍少将に昇進）は怒りを爆発させている。

「『疑似弾薬』、『短剣』、『弾丸筒』を持ち込み、（琉球国を脅かすような）行為におよぶ。以上のような有様に我が米国政府は、今少し注意の目を向けるべきである」「馬小屋におけるニワトリと馬との約束～お前が俺の足を踏まぬ限り、俺もそのようなことには及ばない」と揶揄している。

また条約締結の模様を「禿鷹の爪に捕まったハツカネズミとして、彼らはすべてに賛意を表したのだった」と記した。

こうして無理やり結ばされた条約ではあったが、琉球国が独立した存在であることを後世に示す何よりの証拠となった。長くなるが重要なので全て記す。

「　米国・琉球王国間の条約

一八五四年七月十一日、大琉球、那覇にて署名

「以後、米国市民が琉球国にやってくる際には、常に最上の敬意と友好の念とをもって遇すべきこととする。士官、あるいは一般市民の要求する物品については、琉球の提供し得る物であ

るかぎりにおいて、必ず販売すること。また、王府当局は、そのような物品を販売する者に対しては何らの干渉、規制なきこと。また売買に従事するいずれの側にとっても妥当な価格での取引のなされること。米国籍のいかなる種類の船舶であってさえ、琉球のどの港へ寄港する場合にあっても、それらの船舶の必要とする薪水の補給には妥当な価格をもってなされること。彼らが薪水以外の物品について求める場合には、那覇においてのみ購入すべき事。大琉球国またはその管轄下にある諸島において米国籍の船舶が難船の危機に遭遇する場合には、その場の管轄、担当者は直ちにその危機にある船舶に人命および物品財産の救助にあたる陣容を派遣すること。沿岸にまで運び込むことの可能な物品については、その船舶の所属国の救助船が来航し、それらの物品財産のすべてを撤収するまで保護すべきこと。難船の危機に遭遇した人たちの救助に要した出費額については、その船舶の所属国によって支払われるものとする。米国籍の乗組員が琉球に上陸する場合には、彼らが自由に島内を散策することのできること。その場合、彼らの行動に規制を加えたり、スパイをつけたりせぬこと。ただし、彼らが無理強い民家に侵入したり、女性の人権を汚したり、物品の販売を強要したりとかの違法行為に及ぶ場合には地元の検察官によって逮捕することができる。ただその場合にはその人物には手荒な扱いをせず、その所属する船舶の船長のもとに引き渡し、それ相応の刑罰に処すること。

トウマイ（泊）の地に埋葬される米国市民の墓地、墓標などを傷つけぬこと。琉球王府当局は、島の沿海に現れる船舶の為に有能な水先案内人を見張り役として雇い、その船が那覇向け来航の気配あるときは、すぐさまその水先案内人が頑丈なボートで岩礁の危険のない所まで行って安全な投錨地へと案内する事。その任務に対し船舶の船長はその案内人に五ドルを支払う。船舶の出港時にも同様の案内をし、同額を支払うものとする。那覇に船舶が入港する折には、地方官憲は一〇〇〇斤相当の薪に対し三六〇〇文、水については一〇〇〇文相当、またはひと樽米国重量単位の三十ガロン入り、六樽分に対し六〇〇〇文銅貨（四十三セント）をもって供給すること。

東インド、日本・中国沿海における米国海軍総司令官、および米国の日本国派遣特任使節マシュー・C・ペリー提督、首里琉球王府施政総理官尚宏勲、財務布政官馬良才により英漢両語をもって署名し、謄本を交換す。

一八五四年七月十一日、咸豊四年六月十七日、那覇公館にて」

今読んでみると港に寄ったら薪水の補給などよろしく、という当たり前のものに過ぎない。しかしそれまで鎖国を続け、異国の船は打払い、夷人も漂流民もすべて殺していた時代は終わった。「禿鷹」が「ハツカネズミ」を「開国」へと追い詰めたのだった。

最近この条約が脚光を浴びている。琉球国は一つの国だったというれっきとした証拠だ。しかし強制された条約の効力はない、という日本政府からの反論も聞こえてきそうだ。

この後、一八七二年（明治五年）に始まる「琉球処分」は、明らかに日本国の軍事力を背景にした琉球国強制併合であった。琉球にとっては薩摩侵入以来のヤマトによる大暴力事件！これこそ歴史的犯罪として記憶し、反撃しなければならぬ。ここから日本のアジア侵略が「粛々と」進んだ。いままた歴史が繰り返されようとしているのではないか。

2．首里城明け渡し

波瀾万丈劇に幕

七月一四日、提督は琉球側摂政およびその配下の面々に敬意を表すべく旗艦上で公式の晩餐会を開いた。翌日「レキシントン号」は香港へ向け出航した。七月一七日には最後の米艦隊陣容が沖縄海域を後にした。「ポーハタン号」上にはベッテルハイム、そして「ミシシッピー号」上には、勇猛果敢なペリーの姿があった。艦隊とともに中華の国に帰国した一中国人は沖縄の紳士連の振る舞いにつき「遥か古代中国の黄金期にも比すべきもの」と書き残している。これ以上の賛辞もなかろう。その日をもって沖縄史の波瀾万丈の一章が閉じられた。沖縄の山河にはしばしの間静寂の時が流れた。しかし、「黄金期」が再びこの地に戻ってくることはなかった。

この二五年後には、日本も琉球王国もペリーの激震に耐えきれず崩壊する。

涙で送られる国王

『沖縄・島人の歴史』で描かれた琉球王国の終焉（一八七九～一八九〇年）の模様をたどろう。一八七九年三月二七日に国王が退位する。松田道之が最後通牒を今帰仁王子に手渡した。文書の要旨は以下の四項目である。

一、琉球藩を廃し、沖縄県を創設する

二、この措置は、一八七五年五月二九日及び一八七六年五月一七日の東京よりの告知を無視したことへの処罰である。

三、伊江、今帰仁両王子は、天皇の温情により、日本における貴族の地位が授けられる

四、退位した国王尚泰は、直ちに東京を訪問すること

いよいよ国王一族の王宮退去が迫った

首里王城より国王が退去したのは三月三〇日の日暮れどきだった。過去五〇〇年来初めて、王城が権威の場であり国家の象徴でもある存在に終止符を打った。王城は直ちに熊本鎮台分遣隊によって占拠された。

『沖縄・島人の歴史』の改訂版が故・崎原貢教授（ハワイ国際大学学長）によって出されている。分遣隊所属の警官、岡規の琉球出張日誌から引用する。

「三月二九日、九時、国王尚泰は家族を伴いながら首里城を出、王子の邸宅へ向かった。何時間も膝をつき、道の両側を埋めつつ今か今かと待ち続ける約一〇〇〇人もの役人、平民男女が突如号泣、その涙は道の草々を濡らし、鳴き声は天上に届いた。四月二七日、中城王子出立の日だった。一万人以上の群衆が那覇へと続く道路の両側を埋め尽くしていた。空には雲ひとつなく、快晴。五月二七日、最後の国王尚泰と九六人の延臣一行が亡命の地、東京へ向かうべく門を出た。老若男女の群衆が皆礼装のまま、涙を流しながら那覇へと続く道路に平伏していた。

その様子を見ていた日本人の警官でさえ、涙を押さえることができなかった」

暗い夜空の下、あちこちで嗚咽が……

『松山王子尚順遺稿』（山里永福編集、尚順遺稿刊行会発行、一九六九年）という本がある。尚順男爵の想い出をまとめた本だ。前書きは以下の通り。

「尚順男は琉球藩王尚泰の第三子として明治七年、首里城内で生まれ、七歳の時廃藩の災厄に逢った。この運命の激変で感受性の強い若い王子が受けたショックは想像するに難くない。しかし男は幼少時代の環境に育くまれた気位と、天稟の聡明さに多分に恵まれていた。多くの特権階級者たちが、この国運の大転換に処する路を失い、退嬰因循、遂に時代に取残された中で、年壮気鋭の男は新時代の波に乗り、進歩的ヤングパワー連の中心勢力として、新沖縄の社会、文化の進展に寄与した」

ここでは「首里城明渡しの思い出」を引用する（『月刊琉球』昭和一二年）。

「首里城を明渡した明治一二年は私がまだ六つの歳で、従ってはっきりした記憶は残っていない。ただ子供心にも、城中騒然としている気配を不審に思っただけで、後年物心がついてから、『あゝ、あの時がそういう場合であったんだな』と頷いたようなものである」

「首里城を明渡す即ち廃藩置県のちょっと前、有名な支那党の首領亀川親方を瞥見した記憶がある。何でも夜遅くであった。然し、子供のことだから、夜遅くの積もりでも、或は宵の口であったかもしれない。父（尚泰）の居間に白髯の老人が伺候して、何か大声で物を言っていた。

物を言う度に胸に垂れた白髯が微かに震えるのが不思議に記憶に残っている。どうしてそれが記憶に残っているか。それは後で考えたことだが、その頃夜分の用は殆んど近習が取次ぐことになっていて、たとい三司官でも夜遅く父の居間に通されることは決してなかった。そういう習慣であったにも拘わらず、その老人が物に懼《おそ》れない態度で、父に向っても妙に高飛車に出るのが不思議だった。多分『そんな弱腰では可けません』とでも言って父を強諫していたのだろう。私は子供心にも偉らそうな爺だと、廊下の暗がりから恐々覗いていたものである」

「首里城から中城御殿に移ったのは、何日の事だったろうか。城の明渡しが三月九日だから、或いは八日の夜だったかも知れない。騒然とした人々のざわめきと、明るい篝火《かがりび》と、暗い夜空と、そうした中を、乳母に背負われて中城御殿にはいった記憶がある。中城御殿は御座敷から廊下まで一杯の人であった。私を背負った乳母が通れない位の人であった。私はその人々の間に、乳母に背負われたまま暗い廊下の隅に立ちつくして、あちこちに聞こえる嗚咽を夢のように聞いていた」

第11章　宮古島で座礁したドイツ商船

宮古島の「博愛美談」

宮古島の上野村にドイツ村と称する区画がある。道路から海側を臨むと、右に四角い形をしたドイツ風の城、港をはさんで左の丘の上には童話の挿絵に出てくるようなとんがったお城が見える。その左下にホテル。手前には木組みの目立つハーフ・ティンバー様式の建物。人がほとんどいない。

海際に立つ古城は閉鎖され、部屋の壁を飾っていた豪華な絨毯は取り外され、床には雑多にものが置かれている。小高い丘に聳える城も、入り口には鍵がかかったままだ。広場をはさんだ三階建てくらいの建物は、黒い木の柱や梁が外壁に露出し、白壁とコントラストをなしている。三角屋根の上に青い空。ドイツの豊かな農村を思わせる。屋内ではかつて本場のソーセー

上野ドイツ村

ジを金髪青い眼の大柄なドイツ娘たちが売っていた。ここにも人はいない。ドイツ村はいまや廃墟に近い。

ドイツ商船ロベルト号座礁

一八七三年（明治六年）七月一二日、ドイツ商船R・J・ロベルトソン号が中国からオーストラリアへ向けて航行中台風に遭い、上野村宮国沖のリーフに座礁・難破した。

ペリーの来琉からは二〇年後、日本開国の大激動から既に時代は明治に入っている。琉球王国は滅びていたが離島の宮古島での生活は以前とさほど変わらなかった、と想定できる。

ドイツ船の難破と救出の模様は、船長のエドワルド・ヘルンツハイムが日記をドイツで出版し、「博愛美談」として知られ、戦前の文部省の修身の教科書にも載った。

以下は彼の日記（『ドイツ商船R・J・ロベルトソン号宮古島漂着記』上野村役場編集・発行、以下『漂着記』）と教科書（『初等科修身二―文部省　昭和一八年』―宮古島キッズネット収集資料）を構成して当時の模様を再現してみる。

『初等科修身二　文部省』（以下・修身）

「五　宮古島の人々

明治六年、ドイツの商船ロベルトソン號は、日本の近海で、大あらしにあひました。帆柱は吹きをられ、ボートは押し流され、あれくるふ大波の中に、三日三晩、ゆられにゆられまあした。

さうして、運わるく、沖縄縣の宮古島の沖で、海中の岩に乗り上げてしまひました。船員たちは、こはれた船にとりついて、一生けんめいに助けをもとめました」（『修身』）

「私の上では灰色の雲が依然として早い速度で動き、ごうごうと鳴り響いて砕ける波音を遮るのは飛ぶ海鳥の鳴き声だけだった。このときはじめて、朝が来る前に私の人生がここで終わってしまうかもしれないという思いが脳裏をかすめた。そして、国にいる家族の気持ちに思いを寄せた」（『漂着記』）

「この船をはるかに見た宮古島の見張りの者は、すぐ人人を呼び集めて、助け舟を出しました。しかし、波が高いので、どうしても近づくことができません。日はとっぷりとくれました。しかたなく、その夜は、陸にかがり火をあかあかとたいて、ロベルトソン號の人たちをはげましながら、夜を明かしました」（『修身』）

「このときだった。遠い海岸線から、次第に大きくなり、やがて明るい灯が見えてきた。間違いなく、これは島民からの信号だ。「彼らは我々のことを考えている。我々は救助を期待できるのだ」私は少なくともこう解釈すると、沈んでいた勇気が再び湧いてきた。私は、アンカーに目をやり、鎖が安定しており、また、波が前と比べて静まったことを確認した」（『漂着記』）

「あくる日は、風もおとろへ、波もいくらか静かになりました。島の人々は、今日こそと勇んで、海へ乗り出しました。舟は木の葉のやうにゆられ、たびたび岩にぶつかりさうになりましたが、みんなは力のかぎりこいで、やっとロベルトソン號にたどり着きました。さうして、つかれきってゐる船員たちを残らず助けて帰りました」（『修身』）

「作業は手間取ったが、やっとボートを降ろすことができた。怪我人が乗せられたのち、舵手ともう一人の乗組員が無事にボートで船から離れていった。我々は、島民を真似て海に飛び込んで泳いでカヌーまでたどり着き、島民の指示のもと、陸へと向かった。（略）カヌーが砂浜にたどりつくやいなや、茶色い肌の島民らはカヌーから飛び出し、カヌーを完全に自ら引っ張りあげた。我々は助かった！」（『漂着記』）

助かったのはドイツ人船員六人（一人は女性）、中国人船員二人の計八人。福建省の福州からお茶を積み込みオーストラリアのアデレードへ向かう途中であった。

「薬を飲ませたり、傷の手當をしたりして、島の人々はねんごろにかいはうしました。ことばがつうじないので國旗をいろいろ取り出して見せますと、始めてドイツの人であることがわかりました」（『修身』）

「やがて、医者を含む別の島民がたどり着いた。この医者は厳粛な表情で病人の脈拍をはかり、我々を船から救助してくれた島民たちが三つの簡単な担架を持ってきた。病人はそれに乗せられ、我々は岩とサボテンの垣根の間の細い道を通って島のなかへと案内された。（略）彼らは我々に向かって、自分のことを指しながら“me Typinsan-men,you?„と我々がどこからやってきたか尋ねた。我々は次々と訪れる島民たちに向かって“Germany”という言葉を繰り返した」（『漂着記』）

日記によれば Typinsan は「宮古諸島の東の端の島」とあるが、今の宮古本島。宮古島の昔の呼び方は太平山（中国読みでタイピンサン）。明治六年は地元で「タイピンサン」が普通に使われていたようだ。初出は上野村役場によれば一五〇九年のことだという。
「かうして一月あまりたつ間に、ドイツ人は元氣になりました。そこで島の人々は、一さうの大きな船をかして、ドイツ人を本國へ帰らせることになりました。出發の日、島の人々は、かねやたいこで、にぎやかに見送りました。何人かの人は小舟に乗って案内しながら、はるか沖あひまで送って行きました」（『修身』）
三四日の滞在の後、ドイツ人生存者八人は、贈られたジャンクで宮古島を後にする。「羅牌《ラハイ》が固定された構造をした中国製の羅針盤」も贈られた。二匹の太った豚のほか二ヵ月間は十分もつ食糧が積み込まれた。
「この島の人々は西側の文化の影響をまだまったく受けていないのにかかわらず、文明を宗教が義務づける博愛を我々難破者に対して当然のごとくに見せてくれた。翌日我々は帆を上げ、三晩と四日の航海を経て無事台湾のキールン（Kelung:基隆）港に着いた」（『漂着記』）
「船員たちは、月日を重ねて、ぶじに本國へ帰りました。うれしさのあまり、あふ人ごとに、しんせつな日本人の、ことを話しました。
そのうはさが、いつのまにか、ドイツの皇帝に聞えました。皇帝は、たいそう喜んで、軍艦に記念碑をのせて宮古島へ送りました。その記念碑は、今もこの島に立っていて、人々の美しい心をたたへてゐます」（『修身』）
台湾で二人の中国人船員を降ろした後、彼らドイツ人たちは英領香港へ寄る。そこで船長は在香港ドイツ領事に詳しく報告し、ベルリンに報告が届けられた。難破者に対して寄せられた

「気高い行為」を人々に広く知らせる目的だった。

皇帝ヴィルヘルム一世からの指示

以下は、『漂着記』附録「博愛の心に応えて」から引用する。

「　帝国宰相官房からハンブルク市政府への返答（附録B）

ベルリン、一八七四年二月一四日（略）

皇帝陛下は今月二日付けの至尊のご命令により、以下のことをご許可下されました。

1、島の適切な場所に、救助の出来事を記し、また、島民たちの助けと難破者に対する親切な行為の数々に対する陛下の感謝の意をドイツ語と中国語で表した記念碑を設立すること。

2、救助の際、特に顕著な働きをした島民たちに対して、特別にその働きを讃える贈り物およびドイツ語と中国語の両言語で書かれた贈呈書を贈る。

具体的には、全部で望遠鏡四体と金の懐中時計四つ、銀の懐中時計四つを贈る。島の状況を考慮し、現金による補償は差し控えることとなりました。上述の皇帝陛下のご命令を実現に移すために必要な手配は既に終了しております。

帝国宰相

代理（署名）v.Bulow

ハンブルク

自由ハンザ都市政府　殿」

「一八七六年四月三〇日付の北ドイツ新聞の中間報告（附録C）
最近入った報告によると、一八七六年二月九日（事件の三年後）、ドイツ籍砲艦「チクロープ号（Cyclop）」は、座礁したドイツ船の船員らを激励した中国領土のタイピンサン島の島民に贈られる記念碑を上海で積み込んだ後、長崎と“kiogo”経由で横浜へと向かった」
（北ドイツ新聞はタイピンサン（宮古島）を中国領土と誤解している。その後の最終報告（附録D）では訂正され「日本の支配下におかれている琉球諸島」、「中国と日本はこの島々の支配権に関してまだ争っている」の記述が見られる。その後、チクロープ号は琉球本島へ到着し、首里を訪問）。
「一八七六年七月一七日付の北ドイツ新聞の報告（附録D）
ドイツ人たちは、病床にあった副王の代理をつとめる別の元首によって城で歓迎された。彼らの到来は前以て日本の総督に知らされた」
（統治者らしき三人の役職が出てくる。副王、代理の元首、日本の総督。歓迎式は首里城内のホールで開かれた。砲艦の艦長であるフォン・ライシュ（v.Reiche）海軍大尉は挨拶の冒頭に「副王陛下支配下にあるタイピンサン島の人々が、（略）救助した」と述べている。副王と元首にはドイツ皇帝陛下の名入りの金の懐中時計と望遠鏡が贈られた）。
「三月一六日朝に、“Hari＝mid＝sa”島の一番大きな村に着いた」（附録D）
（これは宮古島市平良《ひらら》にある張水御嶽《はるみずうたき》（現地ではぴゃるみずうたき）の近くに違いない）。
準備作業で難しかったのは設置場所の地面がごつごつした固い岩であったので、それを平らにすることだった。もうひとつの難点は、重さ三六チェントナー（一八〇〇キログラム）の石材を陸にあげることだった。（略）石材と石材を堅結するための鎹《かすがい》や石材に穴を掘るための道具がつくられ、その道具を研ぎ直すため、陸には仮の鍛冶場が設置された。（略）この島の総督も興味を持ち、鍛冶場の近くに仮の小屋を設置させて、そこで島の有力者と共に、お茶を飲んだり、パイプをくゆらせながら、一日中ゴザの上に座って作業を観察していた（附録D）。

（のんびりと記念碑の建立作業が進行している。石材の移動には何百人もの島民が参加し、ロープを引っ張った。三月二二日、皇帝ウィルヘルム一世の誕生日に合わせて無事に除幕式が行われた）。

十時半頃に、砲艦の船員が艦長の指揮下に晴れ晴れしく行進し、記念碑の前で整列した。記念碑は幕に覆われ、その周辺には万国旗が飾られており、ドイツと日本の国旗が掲げられた二本の旗竿も立てられていた（附録D）。

「博愛美談」再び、三度復活

これで一件落着したはずの美談が再び蘇る。最初は一九三三年（昭和八年）、文部省の企画募集に「博愛」が一等に選ばれ、一九三七年（昭和一二年）に小学校の修身教科書に載った。これが最初に紹介した文章だ。

前年の一九三六年（記念碑建立から六〇年目）には「宮古出身で大阪に在住していた下地玄信が、『独逸商船遭難之地』の碑を宮国（現在はドイツ村内にある）に建てました」。

この年は二・二六事件が起こり、五月には阿部定事件、八月にはベルリンオリンピック、一一月には日独防共協定が締結される。この年の流行語は「兵に告ぐ」「今からでも遅くない」（二・二六）「下腹部」（阿部定）「前畑ガンバレ！」（ベルリンオリンピック）「大日本帝国」―国号を大日本帝国に統一。

この年は私が生まれるわずか一〇年前のことだ。軍の反乱失敗―ラジオでの威嚇、猟奇事件―新聞の扇動、オリンピックの熱狂―ラジオの影響……そして「大日本帝国」の国策はメディアと共に戦争へ。政府はラジオ・新聞の影響力に気づき、最大限利用しようと考えるようになった。民衆もメディアに踊らされ、あるいは自ら踊る。自らの不満を他への攻撃でまぎらすようになる。日本国中に軍靴の音が響き、戦争が近づいている。

宮古島の「博愛美談」は、こうした時代背景の下に修身教科書に採用された。特にベルリンオリンピック、日独防共協定の翌年（一九三七年）の掲載というタイミングは文部省官僚の時局迎合の「センス」を示す。はやりの言葉で言えば忖度か？

しかしこれは後知恵であり、その時はこぞって民衆から歓迎されたに違いない。

「独逸商船遭難」から約一三〇年後、二〇〇〇年七月に沖縄サミットに出席したドイツのゲアハルト・シュレーダー首相が宮古島を訪れた。うえの文化村で歓迎式が行われた。首相は宮古空港から県道一九〇号線でうえの文化村まで往復した。その総延長八キロの道が「シュレーダー通り」と名付けられ、一一月二五日に沿道六ヵ所に記念碑が建てられた。

あとがき

二〇〇年前、朝鮮・日本の航海を終えてセントヘレナに寄ったバジル・ホールはナポレオンに面会し夕食を共にする。その場面を思い出してみよう。ホールが「琉球には武器がない」と言った時のこと。

ナポレオンは拳で食卓を叩きながら「そのような嘘は止めてもらいたい。自分が生きているこの世の中に武器を持たない民族がいるはずがない。武器がなければ、その民族はどのように戦争をするのだ」と反論した。

バジル・ホールの航海日誌は英語だけでなく、ヨーロッパ各国の言語に翻訳された。そして「武器のない国」の数行のみが、ナポレオン戦争後に盛んになった平和運動の中で大きく取り上げられる。「ようやく武器のない国が存在しうることが証明された」として注目を集めた。アメリカでは琉球の国民から送られてきた手紙という体裁をとって平和の尊さを説いた*Letters of Lilian Ching*という本が出版された。そこでは、「人々はキリスト教の信仰は深いものの、戦争を止めることはなく武器を持って互いに殺し合っている。しかし、琉球は小さな島であるが、われわれアメリカ人が手本とすべき平和な国である」と述べている（『国際日本学』第一四号、法政大学国際日本学研究所、のヨゼフ・クライナー氏の記念講演から引用）。

バジル・ホールが会ったナポレオンは、かつてのナポレオンではない。モスクワを目前にしたナポレオンの姿を想像してみよう。敵の将軍を目の前にして、ほとんど叫ぶように言う。

「よろしいな、もしプロイセンを余に刃向かわせるようなことをしたら、余はプロイセンをヨーロッパの地図から抹殺する、これをおぼえておくがよい」

彼は血の気の失せた顔を憎悪にゆがめ、小さな右手ではげしく左手をなぐりつける動作をしながら、言った。

かと思えば、一転して優しいしぐさを示す。敵の使節であるバラショフ将軍に向かって、アレクサンドル皇帝に対する最後通告の手紙を渡す。その直前のナポレオンの行動。

――ナポレオンはまた煙草入れを取出し、黙って何度か室内を行き来していたが、ふいに、いきなりバラショフのまえに歩みよると、かすかなほほえみをたたえて、バラショフにとって重大であるばかりか、きわめてありがたいことをかなえてやるかのように、いささかのためらいも気取りもなく、すばやく、四十年配のロシアの将軍の顔へ片手をのばし、その耳をつまむと、唇だけで笑って軽く引っぱった。皇帝に耳をつままれることはフランス宮廷では最高の名誉と恩寵と考えられていた(『戦争と平和』三、工藤精一郎訳、新潮文庫)。

自信に満ち溢れた皇帝の様子が窺える。ここに描かれたナポレオンのしぐさはトルストイの創作であろう。耳をつかんで軽く引っぱる動作は宮廷の外へも聞こえていたのかもしれない。ナポレオンにとってはバジル・ホールは陸軍士官学校での旧友の息子。ワインを飲んで上機嫌になったナポレオンが思わず立って、ホールに近寄り耳たぶをつまむ。ホールは苦笑してナポレオンの手を両手で握り返す。きっとそんな場面がセントヘレナの夕食会で見られたに違いない。

この本ではところどころ逸脱して原文から離れ、想像の世界に遊んだ。

ペリーの手紙は久里浜のペリー館で見た。娘に対する優しい父親の気持ちが出ている。ペリーの訪日の背景については渡辺惣樹氏の著作に学ぶところが多かった。

娘がロスチャイルドの代理人と結婚していたことも初めて知った。ところが四半世紀前に買って積んでおいた『赤い楯―ロスチャイルドの謎』上・下（広瀬隆著、集英社）にちゃんと系図まで載っていた。ペリー提督一家がJ・P・モルガンの甥と結婚し、ペリー、グリュー、モルガンという東海岸財閥の三家族が二重、三重に結婚しあっていた、と短い解説が付いている。グリューとは日米開戦時の駐日アメリカ大使ジョゼフ・クラーク・グルーの一族。ペリーの砲艦外交（一八五三年）から九〇年も経たないうちに日米戦争が勃発し、日本が焼け野原にされてしまった。その危機に立ち会った二人の重要人物が同じ系図の中にあった。

この本では、東アジアの中の琉球という小国が荒波にさらされ、日本に占領されるまでの歴史の一幕をスケッチしてみた。青い眼が見た琉球をキーワードに、ふつうに本屋で手に入る歴史の本や小説を一〇冊ほど読んでサラリと紹介するつもりだった。ところがその一〇倍の本に目を通さざるを得なかった。屋我地島のウランダ墓への訪問を機に、塩野七生の『ロードス島攻防記』を読み直したり、本棚に眠っていた横井小楠の本を取出して楽しく読み進めることが出来た。

勝手な連載を許して頂いた東アジア共同体研究所のニュースマガジン（ＥＡＣＩニュース）の編集スタッフに感謝したい。また、長年の付き合いで売れそうもない原稿を本にして頂いた芙蓉書房出版の平澤公裕社長には「有難うございます」「ところで大丈夫ですか」と無責任な言葉を捧げるしかない。

読書ノート

※本書執筆にあたって目を通したものを記す。

◎ペリー以前をふくむ来琉記

『青い目が見た大琉球』（ラブ・オーシュリ、上原正稔、ニライ社、一九八七年）
『大琉球国と海外諸国』（山口栄鉄編著、琉球新報社、二〇〇八年）
『外国人来琉記』（山口栄鉄編訳、琉球新報社、二〇〇〇年）
『英人バジル・ホールと大琉球』（山口栄鉄、不二出版、二〇一六年）
『朝鮮・琉球航海記』（ベイジル・ホール、岩波文庫、一九八六年）
『クリフォード訪琉日記』（浜川仁訳、不二出版、二〇一五年）
『幕末日仏交流記』（フォルカード、中公文庫、一九九三年）
『ブロッサム号来琉記』（フレデリック・ウィリアム・ビーチー、第一書房、一九七九年）
『琉球と琉球の人々』（ジョージ・スミス、沖縄タイムス社、二〇〇三年）

◎ペリー以降の来琉記

『ペリー艦隊大航海記』（大江志乃夫、朝日文庫、二〇〇〇年）
『ペリー提督日本遠征記』上・下（角川ソフィア文庫、二〇一四年）
『ゴンチャローフ日本渡航記』（イワン・A・ゴンチャローフ、講談社学術文庫、二〇〇八年）
『ドイツ商船R・J・ロベルトソン号宮古島漂流記』（上野村役場、一九九五年）
『琉球の島々1905年』（チャールズ・S・レブンウォース、沖縄タイムス社、二〇〇五年）
『石垣島唐人墓の研究』（田島信洋、郁朋社、二〇一一年）

◎関連書

『ペリーはなぜ日本に来たか』（曽村保信、新潮社、一九八七年）
『ペリー来航』（西川武臣、中公新書、二〇一六年）
『忘れられた黒船』（後藤敦史、講談社選書メチエ、二〇一七年）

『日本1852』(チャールズ・マックファーレン、草思社文庫、二〇一六年)
『にっぽん音吉漂流記』(春名徹、晶文社、一九八〇年)
『ロードス島攻防記』(塩野七生、新潮文庫、一九八五年)
『海賊と商人の地中海』(モーリー・グリーン、NTT出版、二〇一四年)
『十字軍騎士団』(橋口倫介、講談社学術文庫、一九九四年)
『嘘だらけの日英近現代史』(倉山満、扶桑社新書、二〇一六年)
『ペリーと黒船祭』(佐伯千鶴、春風社、二〇一四年)
『近世アジア漂流』(田中優子、朝日文芸文庫、一九九〇年)
『日米衝突の根源』(渡辺惣樹、草思社、二〇一一年)
『福沢諭吉「文明論之概略」精読』(子安宣邦、岩波現代文庫、二〇〇五年)
『イギリス東インド会社』(浜渦哲雄、中央公論新社、二〇〇五年)
『赤い楯　ロスチャイルドの謎』上・下(広瀬隆、集英社、一九九六年)
『日本の名著35　陸奥宗光』(中央公論社、一九八四年)
『史的唯幻論で読む世界史』(岸田秀、講談社学術文庫、二〇一六年)
『二十世紀を精神分析する』(岸田秀、文春文庫、一九九九年)

◎幕末史関係

『逝きし世の面影』(渡辺京二、平凡社、二〇〇五年)
『日本開国』(渡辺惣樹、草思社文庫、二〇一六年)
『新説　明治維新』(西鋭夫、ダイレクト出版、二〇一六年)
『龍馬の黒幕』(加治将一、祥伝社文庫、二〇〇九年)
『維新の夢』(渡辺京二、ちくま学芸文庫、二〇一一年)
『海舟座談』(巌本善治、岩波文庫、一九八三年)
『幕末史』(半藤一利、新潮社、二〇〇八年)
『それからの海舟』(半藤一利、ちくま文庫、二〇〇八年)

『黒船の世紀』上・下（猪瀬直樹、中公文庫、二〇一一年）
『勝海舟と幕末外交』（上垣外憲一、中公新書、二〇一四年）
『横井小楠』（徳永洋、新潮新書、二〇〇五年）
『横井小楠』（松浦玲、ちくま学芸文庫、二〇一〇年）
『幕末維新のこと』（司馬遼太郎、ちくま文庫、二〇一五年）
『明治国家のこと』（司馬遼太郎、ちくま文庫、二〇一五年）
『明治天皇』１〜４（ドナルド・キーン、新潮文庫、二〇〇七年）

◎琉球関係

『琉球王国衰亡史』（嶋津与志、平凡社、一九九七年）
『古琉球』（伊波普猷、岩波文庫、二〇〇〇年）
『沖縄福建交流顛末記』（高橋俊和、沖縄文庫、一九九一年）
『中国・琉球交流史』（徐恭生、沖縄文庫、一九九一年）
『琉球処分を問う』（琉球新報社編著、新報新書、二〇一一年）
『島人もびっくり　オモシロ琉球・沖縄史』（上里隆史、角川ソフィア文庫、二〇一一年）
『反国家の兇区』（新川明、社会評論社、一九七一年）
『琉球共和国』（竹中労、ちくま文庫、二〇〇二年）

◎歴史全般

『情報の歴史を読む』（松岡正剛監修、ＮＴＴ出版、一九九七年）
『世界の歴史９　最後の東洋的社会』（田村実造、中公文庫、一九七九年）
『世界の歴史13　帝国主義の時代』（中山治一、中公文庫、一九七七年）
『世界の歴史23　アメリカ合衆国の膨張』（紀平英作・亀井俊介、中公文庫、二〇〇八年）
『世界の歴史25　アジアと欧米世界』（加藤祐三・川北稔、中公文庫、二〇一〇年）
『逆説の日本史17　江戸成熟編』（井沢元彦、小学館文庫、二〇一四年）
『逆説の日本史18　幕末年代史編１』（井沢元彦、小学館文庫、二〇一五年）

『日本の歴史19　開国と攘夷』（小西四郎、中公文庫、二〇〇六年）
『日本の歴史20　明治維新』（井上清、中公文庫、二〇〇六年）
『物語イタリアの歴史』（藤沢道郎、中公新書、一九九九年）
『物語イタリアの歴史Ⅱ』（藤沢道郎、中公新書、二〇〇四年）
『物語スペインの歴史』（岩根圀和、中公新書、二〇〇二年）
『物語スペインの歴史　人物編』（岩根圀和、中公新書、二〇〇四年）

◎小説

『ポールとヴィルジニー』（ベルナルダン・ド・サンピエール、新潮文庫、一九五三年）
『戦争と平和』１〜４（トルストイ、新潮文庫、二〇〇五〜〇六年）
『天球は翔ける』上・下（陳舜臣、集英社文庫、二〇〇〇年）
『実録アヘン戦争』（陳舜臣、中公文庫、一九八五年）
『桜田門外の変』上・下（吉村昭、新潮文庫、二〇〇九年）
『黒船』（吉村昭、中公文庫、一九九四年）
『海の祭礼』（吉村昭、文春文庫、二〇〇四年）
『ニコライ遭難』（吉村昭、新潮文庫、二〇一四年）
『夜明け前』１〜４（島崎藤村、岩波文庫、二〇一二年）
『海鳴り』（長堂英吉、講談社、二〇〇一年）
『さらば福州琉球館』（大城立裕、朝日新聞社、一九九四年）
『黄色軍艦』（長堂英吉、新潮社、一九九九年）
『琉球処分』上・下（大城立裕、講談社文庫、二〇一〇年）
『さまよへる琉球人』（広津和郎、同時代社、一九九四年）
『士魂商才』（武田泰淳、岩波現代文庫、二〇〇〇年）

著者
緒方　修（おがた おさむ）
1946年生。中央大学卒、文化放送記者・プロデューサーを経て1999年より沖縄大学教授。早稲田大学オープン教育センター講師など。現在、東アジア共同体研究所琉球・沖縄センター長、NPO アジアクラブ理事長ほか。
著書は、『シルクロードの未知国―トルクメニスタン最新事情』（芙蓉書房出版）、『客家見聞録』（現代書館）、『沖縄野菜健康法』（実業の日本社）、『燦々オキナワ』（現代書館）、『歩きはじめた沖縄』（花伝社）など。

青い眼の琉球往来
――ペリー以前とペリー以後――

2017年10月15日　第1刷発行

著者
緒方《おがた》　修《おさむ》

発行所
㈱芙蓉書房出版
（代表 平澤公裕）
〒113-0033東京都文京区本郷3-3-13
TEL 03-3813-4466　FAX 03-3813-4615
http://www.fuyoshobo.co.jp

印刷・製本／モリモト印刷

ISBN978-4-8295-0721-6

チェンバレンの琉球・沖縄発見

山口栄鉄著　本体 1,800円

明治期の日本に滞在し、最も有名な日本研究家として知られるバジル・ホール・チェンバレンの琉球研究のエッセンス。半世紀にわたってチェンバレン研究を専門分野としてきた著者が、「チェンバレンの日本学」をわかりやすく解説。チェンバレンが書いた琉球見聞録「琉球〜その島と人々」を読みやすいように翻訳して収録。

世界の沖縄学

沖縄研究50年の歩み

ヨーゼフ・クライナー著　本体 1,800円

国際的な視点からの琉球・沖縄研究の集大成。中世ヨーロッパの地図に琉球はどう描かれていたか。琉球を最初に知ったのはアラブの商人だった。大航海時代にスペイントポルトガルが琉球をめぐって競争した。

尖閣諸島と沖縄

時代に翻弄される島の歴史と自然

沖縄大学地域研究所編　本体 2,300円

国有化、中国公船の常駐、日台漁業協定締結……。国家の駆け引きに縛られずに沖縄が目指す道とは？　三回の土曜教養講座と移動市民大学（石垣市）の全記録。琉球、中国、日本は歴史的にどのように交流していたのか？　尖閣周辺海域で行われていた戦前・戦後の漁業は？　絶滅の危機にあるアホウドリはいま？

琉球諸語の復興

DVD「琉球の島々の唄者たち」（120分）付き

沖縄大学地域研究所編　本体 2,800円

奄美語・国頭語・沖縄語・宮古語・八重山語・与那国語（琉球諸語）は方言ではなく独立した言語（2009年にユネスコが認定）。琉球民謡の大御所といわれる四人の唄い手が土曜教養講座に勢揃い、島々の言語で熱いトークと唄三線独演を披露。少数言語の復興運動の意義をカタルーニャ語（スペイン）やハワイ語（アメリカ）の例からも学ぶ。

世界遺産・聖地巡り
琉球・奄美・熊野・サンティアゴ
沖縄大学地域研究所編　本体 1,900円

2013年１月「奄美・琉球」が世界自然遺産の暫定リストに載った。近い将来、沖縄は文化遺産と自然遺産を持つ国内唯一の地域となる。沖縄の世界遺産（琉球王国のグスクと関連遺産群）は「聖地」でもある。

マレビト芸能の発生
琉球と熊野を結ぶ神々
須藤義人著　本体 1,800円

琉球各地に残る仮面・仮装芸能を映像民俗学の手法で調査。日本人の心象における来訪神・異人伝説の原型を探求。

ぶらりあるき 沖縄・奄美の博物館
中村　浩・池田榮史著　本体 1,900円

総合博物館からちょっと変わった博物館まで、沖縄県内143館を訪ね歩いて紹介。

ダライ・ラマとチベット
1500年の関係史
大島信三著　本体 2,500円

2014年にダライ・ラマ14世が「転生相続システム」廃止発言。今チベットから目が離せない！　現在の14世と先代13世を中心に、古代チベット王国までさかのぼって歴代ダライ・ラマの人物像を描く。明治・大正期にチベットを目指した河口慧海、能海寛、寺本婉雅、成田安輝、青木文教、多田等観、矢島保治郎なども取り上げる。

黒澤明が描こうとした山本五十六
映画「トラ・トラ・トラ！」制作の真実
谷光太郎著　本体 2,200円

山本五十六の悲劇をハリウッド映画「トラ・トラ・トラ！」で描こうとした黒澤明は、なぜ制作途中で降板させられたのか？　黒澤、山本の二人だけでなく、20世紀フォックス側の動きも丹念に追い、さらには米海軍側の悲劇の主人公であるキンメル太平洋艦隊長官やスターク海軍作戦部長にも言及した重層的ノンフィクション。